김녕만 — 사진의 향기

김녕만 | 사진의 향기

저자 _ 김녕만
초판발행 _ 2025년 9월 29일
재판발행 _ 2025년 12월 15일
발행처 _ 도서출판 윤진
주소 _ 서울 종로구 삼일대로 461 SK허브 101-922
전화 _ 02-732-0815
출판등록 _ 2015년 3월 11일
등록번호 _ 제 300-2015-41호
기획 진행 _ 윤세영 진현옥
디자인 _ 조의환
인쇄 제작 _ (주)그래픽코리아
값 20,000원
ISBN 979-11-90985-19-2
이 책에 실린 글과 사진을 작가의 동의 없이 무단복제할 수 없습니다.

김녕만 — 사진의 향기

차례

9
작가의 글

11
봄

39
여름

67
가을

93
겨울

121
공감

134
후기

시간의 향기를 따라서

오래전 떠난 시간의 향기는
지나간 시간을 꺼내 더듬어볼 수 있게 하는 사진에 머문다.
사람과 풍경은 사라졌어도 눈빛과 체취는 남아 오늘을 응시한다.
어찌 우리가 늘 행복할 수만 있었으랴.
아니, 어찌 우리가 늘 고단하고 서럽기만 했으랴.
어쩌다 발견하는 책갈피 속 마른 꽃잎처럼
한순간 박제된 시간의 봉인을 해제하는 사진.
흘러간 순간은 더 이상 기쁨도 슬픔도 아닌 채
다시 돌아갈 수 없어 편안하고 그므로 마음껏 그립다.
주로 1970년대에 촬영한 사진과 글이 중앙SUNDAY에
"사진의 기억"이란 제목으로 2년간 격주로 연재될 때
과거로 떠나는 기차표를 선물 받는 것 같다던 지인의 글을 비롯해,
한때의 기억을 소환하며 보내온 여러분의 댓글도 말미에 싣는다.
아직도 향과 색이 은은하고 희미하게 남은 마른 꽃잎 같은
우리의 지난날을 공유하고 싶어서다.

김녕만 사진의 향기

봄

우수와 경칩 사이, 봄이 오는 소리

꽁꽁 얼었던 냇물이 드디어 풀렸다. 아직 여기저기 천변에 잔설이 남아 있긴 하지만 두껍게 얼었던 얼음이 녹으면서 냇가엔 봄기운이 가득하다. 겨우내 빙판에서 시끌벅적하던 동네 개구쟁이들이 사라지고 졸졸졸 냇물이 즐겁게 소리 내어 흐르자 때를 만난 오리들이 떼를 지어 봄 마중을 나왔다. 마침 동네 아주머니도 한겨울 묵은 때를 빨래하러 나온 참이다.

    봄은 소리의 계절이다. 얼음장이 깨지는 소리와 함께 냇물은 노래를 부르고 오리들이 꽥꽥거리며 물장구치고 빨랫방망이 소리가 경쾌하다. 조용히 귀 기울이면 톡톡, 단단한 껍질을 뚫고 새순이 돋는 소리도 들릴 것 같다. 눈이 녹아 비가 된다는 우수(雨水)가 지났으니 봄이다. 겨울잠을 자던 개구리도, 집안에서 웅크리고 있던 가축들도, 시냇가 버들개지도, 모두 모두 밖으로 뛰쳐나올 기세다. 오랫동안 참을 만큼 참았으니 긴 겨울 인내했던 것들이 해방을 구가할 때가 되었다.

    예전에 냇가 빨래터는 집안일에 묶여 종종거리느라 좀처럼 외출이 어려운 어머니들의 해방공간이었다. 빨래가 담긴 대야를 머리에 이고 빨래터에 나오면 하나둘 동네 사람들이 모여들면서 빨래 두드리는 방망이 소리가 요란하게 리듬을 타고 울렸다. 그 소리 사이로 어머니들의 수다와 웃음소리가 높아지면서 빨래터엔 화색이 돌았다. 서로서로 자랑 아닌 자랑, 흉 아닌 흉을 끝없이 늘어놓으면서 집집마다 그간의 사정과 형편이 공유되며 이웃사촌의 정이 더욱 끈끈해졌다.

    그러고 보니 사진 속 아주머니가 두드리는 빨랫방망이 소리는 빨래터 친구들을 불러내는 신호일지 모르겠다. 아직 물이 차갑긴 하지만 그래도 이제 할 만하다고, 어서 나와 밀린 이야기를 나누자고 이웃을 부르는 소리 말이다. 봄은 색깔의 계절이라고 하지만 아무래도 소리가 먼저인 것 같다. 특히 농촌에선 그랬다. 음력 정월이 가고 2월이 오면 벌써 들로 나갈 준비가 시작되면서 겨울을 툭툭 털어내는 소리들이 여기저기서 들려오곤 했다.

빨래
전북 고창
1977년

엄마 품이 더 좋은
초등학교 신입생

새로 산 옷과 신발, 책가방과 신발주머니, 초등학교 입학생의 구색을 갖추었지만 정작 어린 학생은 엄마 품을 떠나 학교에 가기 싫다며 필사적으로 버티고 있다. 말로 어르고 달래다 실패한 엄마는 단단히 마음을 먹은 모양이다. 한 손에 신발주머니를 들고 한 손으로는 아들의 손목을 꽉 잡아끈다.

"너도 학교 가기 싫구나! 실은 나도 그렇다."
학교에 가기 싫은 이유야 각자 다르겠지만 당시 사진학과 학생이던 나도 새 학기가 시작할 무렵이면 항상 가위에 눌린 것처럼 마음이 무거웠다. 서울에서 거처할 곳과 등록금 장만, 그리고 값비싼 사진재료 구입 등 고학생이 해결해야 할 숙제가 너무 버거웠기 때문이다. 그러나 어김없이 3월은 오고야 말아 나도 무거운 발걸음으로 학교를 향하던 길이었다.

소위 결정적인 순간이었다. 행여 지각이라도 할새라 애가 타서 마음이 급한 엄마와 어리광을 받아주지 않는 엄마가 야속한 아들, 두 사람의 갈등 사이에서 '나 몰라라' 무심한 동생. 엄마의 발걸음은 바쁘게 앞을 향하지만 반대로 아들의 뒷걸음질 치려는 상반된 심리가 맞물리면서 긴장 속에서 웃음을 자아냈다. 이날 골목길에서 벌어진 순간 포착은 당시 권위 있는 큰 상을 내게 안겨주었고, 사진가로 나아가는 데뷔작이 되었다. 학교 가기 싫다고 떼쓰던 아이가 학교 가는 발걸음이 무겁던 내게 희망을 쏘아 올려준 셈이다.

새로운 세상으로 나아가는 데에는 용기가 필요하다. 엄마 품에서 어리광을 부리며 동생과 티격태격 철없이 놀다가 어느 날 갑자기 낯선 학교에 간다는 것이 일곱 살 아이에겐 두려운 일이었을 것이다. 지금도 3월이 되어 병아리처럼 귀여운 초등학교 신입생을 보면 50대 중반에 접어들었을 이 사진 속 아이가 생각난다. 어쩐지 오늘은 학교에 가기 싫고, 어쩐지 오늘 하루는 회사에 가기 싫고, 어쩐지 오늘은… 살면서 마음이 움츠러드는 그런 날이면 손목을 꽉 잡아 이끌어주던 엄마가 사무치게 그리워진다.

강제등교
서울 상도동
1974년

김녕만 │ 사진의 향기 │ 봄

서울 사람으로
산다는 것

지금은 많이 달라졌지만, 예전에는 봄가을이 이사철이었다. 특히 봄에는 입학이나 취업, 전학이나 전근 등이 많아 동네에서 이삿짐 가득 실은 트럭을 보기가 어렵지 않았다. 사실 엄동설한에 이사하는 일은 보기에도 을씨년스러웠다. 그러나 '시도 때도 없는' 철없는 시대로 바뀌면서 봄가을 이사철 공식은 상당히 희석되었다.

70~80년대 서울에서 산다는 것의 의미, 즉 서울에 내가 일할 직장과 가족과 부비며 살 공간이 있다는 것은 출세로 향하는 출발점을 선점한 것이나 다름없었다. 작든 크든 서울에서 내 집을 마련하고 자식들 공부 가르치고 밥 굶지 않고 산다면 서민으로서 그보다 더한 행복이 없었다.

여기, 그런 꿈을 안고 서울로 진입하는 이삿짐 트럭이 있다. 그런데 볼품없는 세간들과 함께 장롱 안에 뜬금없이 남편이 앉아있다. 그리고 아내는 운전석 옆 조수석에서 유리가 깨질세라 조심스럽게 트로피 하나를 안고 간다. 처음엔 가재도구처럼 실려 가는 남자의 모습이 재미있어서 사진을 찍었는데, 더 들여다보면 짐을 고정시키기 위하여 장롱을 단단히 묶은 밧줄로 인해 이 남자가 감옥의 쇠창살 안에 들어가 있는 것 같은 느낌이 들기도 한다. 마치 서울에서 산다는 것이 감옥살이처럼 답답하고 힘든 일이 될지도 모른다는 불길한 예감처럼 말이다.

60대 후반인 한 사진가는 지금까지 무려 35번이나 이사를 했다고 말했다. 남도의 섬에서 태어나 서울로 진출해 살면서 35번째 이사에서 비로소 내 집 마련에 성공했다고 했다. 그렇다면 1987년에 이 이삿짐을 갖고 서울로 온 이 사람은 그동안 몇 번이나 이사를 했을까? 살림살이 규모로 봐서는 당장은 단칸방에서 셋방살이부터 시작했을 것으로 보인다. 그 단칸방이 월세에서 전세로 바뀌고 아이들이 태어나 자라면서 집을 조금씩 더 크게 늘려 이사하고 그렇게 한 단계씩 나아가지 않았을까. 시작은 미미했지만 그 끝은 창대하리라는 믿음처럼 부디 이들 부부가 지금은 서울드림을 이루었기를 바래본다.

이사
서울
1987년

소는 누가 키우나?

소를 키우는 일이 공부보다 더 중요한 시절이었다. 아이들은 학교에 다녀오자마자 책가방을 내던지고 부리나케 소를 끌고 들판으로 나갔다. 겨우내 마른 풀만 먹은 소에게 새로 돋아난 신선한 풀을 먹이기 위해서였다. 그러나 속셈은 따로 있었다. 바쁜 농사철에 집에 있어 봐야 이거저거 심부름만 쏟아질 판이니 소를 끌고 집에서 멀찌감치 나오는 게 상책이었던 것. 여리고 부드러운 풀이 많은 곳에 소를 매어 놓기만 하면 그때부터는 자유시간이어서 해가 뉘엿거리도록 신나게 뛰어놀 수 있었다.

한때 "소는 누가 키우나?"라는 유행어가 떠돌았다. 소를 키워본 적이 없는 사람들에게는 그냥 우스갯소리에 불과한 말이겠지만 실제로 한 마리의 소를 키운다는 게 쉬운 일이 아니다. 1년 365일 배불리 먹이고(많이도 먹는다!) 병에 걸리지 않게 돌보고 관리해야 하므로 온 식구가 정성을 들여야 하는 일이었다. 빈집에 소 들어온다는 표현에서 알 수 있듯이 예전부터 소는 농가에서 굉장히 큰 재산이었고 한편으로는 요즘의 반려견처럼 한 식구나 다름없이 귀한 존재였다. 가끔은 부모님이 어린 송아지의 소유권을 정해주기도 했다. 네 몫이니 잘 키워서 대학 등록금, 혹은 시집갈 밑천으로 쓰자는 언약도 곁들이셨다. 그렇게 일단 '내 송아지'가 되면 이름도 지어주고 더 애지중지 돌보며 애정을 쏟았다.

이 사진 속 어린 소도 소녀의 몫인 것일까? 착실한 소녀는 조금 더 풀이 맛난 곳으로 소를 이동시키려고 고삐를 잡아끌지만, 고개를 외로 꼬며 말을 듣지 않는 소의 표정이 재미있다. 아직은 엄마소의 곁에 있고 싶어서 그러는지 막무가내로 고집을 부린다. 어느새 소녀에겐 힘에 부칠 만큼 제법 자란 송아지. 앞으로는 걷잡을 수 없이 더 자라 곧 소녀를 앞지를 것이다. 점점 더 많이 먹을 것이고 고집도 세질 것이다. 그래도 날마다 무럭무럭 잘 자라서 소녀의 장래 보험이 된다면 "소는 누가 키우나?", 뜬금없는 물음의 답이 될지 모르겠다.

소 키우기
전북 고창
1974년

무서울 게 없는 하룻강아지

제 한 몸 지키기도 버거울 어린 강아지 한 마리가 수문장처럼 기둥 옆에서 빨래를 지키고 있다. 아니, 빨래의 그림자를 지키고 있다. 동네 공터가 내 집 마당이나 다름없던 시절, 그곳에 빨랫줄을 매어놓는 일쯤은 하등 이상할 게 없었다. 다만 가끔 빨래를 잃어버리는 불상사가 일어났다. 누군가 홀연히 쓸 만한 옷가지만 걷어가 버리는 것이었다.

그때는 카메라를 들면 왜 그렇게 난지도로 발길이 향했는지 모르겠다. 서울 도심에서 가까운데도 흙먼지 풀풀 나는 속에서 여전히 사람들이 땅을 일구며 농사를 짓고 사는 그곳이 시골의 내 고향처럼 느껴져서 그랬나 보다. 번듯한 건물이 들어서지 않아서 허허벌판 같은 그곳을 여기저기 기웃거리다가 길가 지붕 낮은 구멍가게에 들어가 주인 할머니에게 라면 곱빼기로 끓여 달라고 하여 시장기를 채우면 그럴듯한 사진 한 장 못 건져도 배가 불렀다.

애초에 그곳에서 그럴듯한 사진 한 장 건지겠다는 각오도 없었거니와 그럴 형편도 못 되는 동네였다. 어른들은 모두 밭일을 하거나 난지도 개발현장에서 리어카에 흙을 실어 나르거나 삽으로 땅을 파는 노동을 하러 나가고 대문도 없는 집 앞에서 조무래기 아이들만 놀고 있곤 했다. 그날도 동네에 들어서자 저만치 아이들이 떠드는 소리만 시끄러운데 홀로 빨래를 지키고 있는 강아지가 눈에 들어왔다. 아직 적과 동지를 구분조차 못 하는, 그래서 범 무서운 줄도 모르는 하룻강아지가 귀여워 피식 웃음부터 나왔.

"너도 지켜야 할 것이 있느냐?" 내 물음엔 아랑곳하지 않고 강아지는 꼬리만 흔들었다. 당시엔 가당치 않은 임무를 맡은 강아지가 우스워 셔터를 눌렀는데 지금 보니 우리가 잃어버린 풍경이다. 어머니가 배꽃처럼 하얗게 삶아 널어놓은 이불 홑청을 바람이 지분거리고 흰 빨래에 청명한 햇살이 따갑게 쏟아져 눈부셨던 기억. 빨래가 없는 빈 빨랫줄엔 참새가 날아가다 잠시 앉아 쉬었다 가기도 했다. 마당도 공터도 사라진 지금, 새삼스럽게 그리운 장면이다.

하룻강아지
서울 상암동
1981년

앉아서 젖 먹일 틈도 없는 농번기

'오월'이라고 부르면 가슴이 먼저 온화하고 따스해진다. 어린이날과 어버이날이 있어서 그런지 모르겠다. 그런데 70년대 농촌의 오월은 하다못해 아궁이 앞 부지깽이도 뛴다는 말이 있을 정도로 농부의 하루는 눈코 뜰 새 없이 바쁘고 고달팠다. 그해 오월에도 모내기가 한창인 고향의 들녘을 누비다가 이 장면과 조우했다.

  방금 모를 심다가 논두렁으로 나온 엄마의 손톱 끝에는 흙물이 배어있었다. 거칠어진 손이지만 젖을 먹는 아기를 편하게 해주려고 정성스레 머리를 받쳐주고 있는 엄마. 엄마라고 부르기엔 나이가 들어 보이고 고운 티를 찾아보기 어렵지만, 아기에게 젖을 먹이는 엄마의 표정과 동생을 업은 단발머리 누나, 업힌 채 달게 젖을 빠는 아기, 이 삼각 구도가 그 자체로 거룩하고 아름답게 보였다.

  아마 누나는 칭얼대는 동생을 최대한 달래보려고 애를 썼을 것이다. 일찍 철이 든 누나는 동생이 졸라대도 최대한 시간을 늦추어 엄마의 일터를 찾아왔으리라. 종일 동생을 돌보느라 녹초가 되었지만, 엄마가 자신보다 몇 곱절이나 더 힘이 들고 지쳐있음을 알기 때문에 불평 한마디 없이 묵묵히 서 있을 뿐이다. 그리고 잠시라도 편안히 앉아 젖 먹일 새도 없는 엄마 뒤로는 여전히 분주한 일꾼들의 모습이 보인다.

  농번기에는 큰 누나가 엄마를 대신했다. 젖먹이 동생은 어스름 저녁에야 들에서 돌아오는 엄마를 기다리다 누나의 등에 업혀 잠이 들었고 때로는 누나의 등에 오줌을 싸기도 했다. 사실 누나도 엄마 앞에서 어리광을 부리고 싶은, 아직은 어린 나이였는데 말이다. 산다는 게 이처럼 고단한 일인가. 이때를 회상하면 무언가 뜨거운 것이 목울대로 올라와 꿀꺽 삼키곤 한다. 그러나 한편으론 고단한 시절을 함께 겪었기 때문에 가족 간에 정이 더 애틋하고 단단했던 것이 아닐까. 어쩌면 지금도 막내를 업어 키운 누나는 엄마가 돌아가시고 없는 이 세상에서 여전히 동생들 안부를 염려하며 엄마를 대신하고 있을지 모르겠다.

농번기
전북 고창
1974년

바다 건너
찾아오는 봄

바람이 분다. 수백 년 동안 그 자리를 지켜온 고목은 남쪽 바다를 건너오며 한결 순해진 바람 소리를 기억한다. 때가 이르렀음을 아는 나무는 조용히 제 속의 것들을 흔들어 깨운다. 말랑말랑해진 흙 속으로 힘차게 뿌리를 뻗어 서서히 물을 빨아올린다. 겨우내 참았던 오랜 목마름을 풀어줄 수액이 수관을 따라 실개천으로 흐른다. 서너 아름이 넘는 굵은 기둥을 지나 줄기를 타고 가지 끝에 물이 오르면 비로소 딱딱한 표피를 뚫고 부드럽고 여린 새잎들이 다투어 나올 것이다. 그러면 나무는 몸속에 사계절을 지나왔음을 알리는 나이테 하나를 완성한다.

　예전에는 마을마다 동네 어귀에 마을의 수문장처럼 동구나무가 버티고 있었다. 나무의 나이가 몇 살인가에 따라 그 마을의 역사도 가늠되었으므로 수령 수백 년의 멋진 동구나무는 마을의 자부심이었다. 나무를 타고 놀던 아이들은 자라서 어른이 되고 나무와 함께 나이를 먹어갔다. 또한 집에서 멀리 떠났다가 오래간만에 귀향하는 사람들을 가장 먼저 맞이해주는 것도 동구나무였다. 타향에서 거칠게 혹은 서럽게 살아왔다면 나무를 보며 슬그머니 위로받고, 자랑스럽게 잘 살아왔다면 당당하게 어깨를 펼 것이다. 이때 나무 아래 평상에 모여있던 노인들은 "누구네 집 자식이구만!" 묵은 기억을 끄집어내고, 숨바꼭질하며 놀던 동네 개구쟁이 중에는 "삼촌~"하고 뛰어오는 아이도 있을지 모른다. 고향의 문지방을 넘어선 것이다.

　전남 강진에서 허리 굽은 노인처럼 ㄷ자로 구부러져 자라는 웅장한 고목을 보았다. 남쪽 바다를 향해 몸을 한껏 내민 나뭇가지는 반갑게 봄을 부르는 손짓 같았다. 그 손끝마다 새순이 돋아나면 겨울과 막 이별한 잿빛 고목은 점차 연둣빛으로 물들고 늦가을 이후 성장을 멈췄던 나무는 싱싱한 계절을 다시 펼칠 것이다. 또한 나무처럼 나이테를 하나 더 그린 사람들도 새봄을 맞이하여 농부는 밭으로, 어부는 바다로, 거침없이 삶의 한가운데로 나아갈 것이다. 어느새 봄이다.

동구나무
전남 강진
2008년

사라지는 것과
다가오는 것

닭을 팔러 시장에 갔다가 팔지 못하고 돌아오는 길일까, 아니면 시장에서 닭 한 마리 사오는 길일까? 사연은 알 수 없어도 날개를 푸드덕거리며 난리를 쳐야 할 사나운 수탉이 아주머니의 손아귀에서 옴짝달싹 못 하고 얌전한 것을 보면 이 아주머니는 닭의 급소를 아는 게 틀림없다. 물렁물렁한 장바구니를 용케 각 잡아 머리에 이고 성질 고약한 수탉 한 마리를 한 손으로 제압한 채 저 멀리 언덕 너머 마을까지 걸어가고 있는 아주머니의 뒷모습은 흔들림 없이 단단하다.

때마침 자동차 한 대가 건조한 봄날에 메마른 흙먼지를 일으키며 달려오고 있다. 달구지 다니던 길이 신작로로 넓혀지면서 가로수가 몇 그루만 듬성듬성 살아남았다. 수백 년을 이어 온 우리의 전통적인 농경문화가 서서히 사라지고 새롭게 산업사회가 등장하고 있음을 상징적으로 보여주는 한 장면이다. 머리에 짐을 이고 커다란 수탉 한 마리쯤은 가볍게 움켜쥔 채 거뜬하게 걸어가는 당찬 아주머니도 걷잡을 수 없이 밀려오는 새 시대를 막을 수는 없으니 그 뒷모습이 괜스레 애틋하고 아련하다.

산업사회는 속도와 능률이 미덕이다. 뒤돌아볼 겨를 없이 더 빨리 달리기 위해서 울퉁불퉁한 신작로는 머지않아 매끄럽게 포장될 것이고, 구부러진 길은 직선거리 지름길로 펴질 것이다. 다가오는 새 물결을 거부할 방법은 없다. 결국엔 이렇게 새로운 문물이 일으키는 흙먼지를 고스란히 뒤집어쓰며 구시대는 추억 속으로 사라지고 말 운명이다.

지난 50년의 초고속 변화가 우리의 추억마저 빠르게 지웠다 해도 가끔은 그 시절이 그립다. 지금이라도 사진 속 저 길을 따라 언덕을 넘어가면 시간이 멈춘 고향 마을이 나타나고 그 시절의 나와 만날 수 있을까. 하지만 너무 멀리 왔음을 또한 안다. 저 수탉처럼 힘 한번 제대로 써보지 못하고 세월의 손아귀에 붙들려 여기까지 왔다. 그래도 문득문득 추억에 잠겨 떠올릴 고향이 있다는 것이 얼마나 다행스러운 일인지 모른다.

신작로
전북 고창
1976년

봄볕 쪼이는
동물 가족

응달진 돌담 아래엔 아직도 잔설이 남아 있지만, 춘분을 지난 농가 마당에는 찬란한 봄 햇살이 가득하다. 조금 전까지만 해도 짓궂은 누렁이가 괜스레 닭 뒤를 쫓아다니는 바람에 겁먹은 닭들이 꼬꼬댁거리며 한바탕 소란스러웠다. 두 다리로 뒤뚱거리며 이리저리 쫓기던 닭은 위기의 순간이 닥치자 퇴화한 본능이 되살아나 냅다 날아 돌담 위로 피하고, 그 바람에 누렁이는 '닭 쫓던 개 지붕 쳐다보는' 신세가 되어 마실 나가버렸다.

    이윽고 마당에는 평화가 찾아왔다. 사람도 등 따습고 배부르면 행복한데 따뜻한 봄볕을 등에 업고 배를 채우니 한 울타리 안에 사는 동물 가족은 부러울 게 없다. 배가 불러도 여전히 먹는 걸 탐하는 아기 돼지들 옆에서 한순간 소와 닭이 서로 멀뚱하게 바라보는 모습에 '소 닭 보듯이 한다'는 옛말이 떠올라 셔터를 눌렀다. 누렁이로부터 필사적으로 도망치던 아까와는 다르게 닭은 덤덤하게 소와 눈 맞춤을 하고 있다.

    예전 농가에서는 다들 가축을 키웠다. 집 지키는 개와 달걀 낳아주는 닭은 기본이고 잔반을 처리해주는 돼지와 토끼 몇 마리, 그리고 농가의 일꾼 황소까지 한 집에 사람보다 동물 숫자가 더 많았다. 그런데 가축을 먹이는 일은 대개 아이들의 몫이었다. 싱싱하고 부드러운 풀을 뜯어오고 벌레나 미꾸라지를 잡아다 영양 보충을 시키기도 했다. 농사에 바쁜 부모를 대신해 떠맡은 일이지만 아이들도 싫지 않았다. 집에서 공부하는 것보다 들로 냇가로 쏘다니는 게 훨씬 신났기 때문이다.

    그런 기억 때문인지 마당이 있는 집에서 살면 가장 먼저 하고 싶은 일 중 하나가 닭을 키워서 방금 낳은 달걀을 먹어 보는 것이다. 안양에 단독주택을 마련한 지인 역시 어렸을 적 추억을 되살려 닭을 키우기 시작했는데 웬걸, 새벽부터 우렁차게 '꼬끼오'를 외쳐대는 바람에 이웃의 눈치가 보여 포기하고 말았단다. 새벽을 깨우는 닭이 야행성 도시인들에겐 민폐가 된 까닭이다.

동물 가족
경기도 남양주
1975년

볕과 바람에 뽀송뽀송 보들보들

빨랫줄에 걸린 것이 빨래만은 아니다. 아기의 젖내 밴 배냇저고리와 하얀 기저귀, 개구쟁이의 흙투성이 바지와 땀 냄새 찌든 아버지의 옷, 멋쟁이 큰누나의 속옷까지 빨랫줄에는 가족의 일상이 걸려있다. 식구마다 다른 흔적과 얼룩을 깨끗하게 씻어낸 빨래에는 올올이 따가운 봄볕이 스미어 축축한 사연까지 뽀송뽀송하게 말려준다. 볕을 머금은 빨래는 가족의 사랑처럼 보드랍고 따스하다.

다섯 줄이나 되는 빨랫줄에 빨래가 빼곡하다. 마치 오선지에 그린 음표처럼 길고 짧고 크고 작은 빨래들이 바람이 불 때마다 펄럭이며 합창한다. 많은 식구의 빨래에 고단한 엄마는 아기를 팔베개해주다 잠이 들었는지 개미 기어가는 소리라도 들릴 것처럼 집안이 조용하다. 아이들은 진즉에 살금살금 뒤꿈치 들고 엄마의 시야 밖으로 재빨리 내뺐다.

지금은 좀처럼 보기 드문 풍경이 되었다. 빨랫줄을 길게 매달 마당도 없으려니와 하물며 빨랫줄에서 바람에 나부끼는 기저귀를 보기는 더욱 어렵다. 종이 기저귀를 써서 그렇지만 아예 갓난아기가 귀해졌기 때문이기도 하다. 돌이켜 생각하니 날마다 마당에서 걸리적거려서 귀찮기만 했던 기저귀가 희망의 노래였던 셈이다. 마당에서 숨바꼭질하며 뛰어놀 때마다 "야야, 빨래 때 묻는다" 하고 어머니가 야단치시는 바람에 철딱서니 없는 우리는 치렁치렁 늘어진 기저귀가 그저 싫기만 했다.

볕 좋은 날이면 빨랫감을 챙기시며 "이 좋은 볕을 그냥 놀리면 너무 아깝지." 혼잣말하시던 어머니가 생각난다. 공짜로 쏟아지는 햇볕도, 제풀에 불어오는 바람도 덧없이 흘려보내면 아깝다고 생각하시던 살뜰한 어머니는 종일 좋은 볕을 머금고 바람에 흔들리며 빨래가 개운하게 마르면 차례로 걷어 정성스레 손질하시곤 했다. 반듯하게 착착 접어 개키면 얼마나 정갈하고 보기 좋은지, 무엇이든 어머니의 손이 가면 최고였다. 그 시절 우리는 그렇게 햇볕과 바람을 입고 컸다.

빨랫줄
서울 상암동
1976년

새마을운동

새마을운동이 들불처럼 번지면서 내 고향도 하루가 다르게 달라지던 그 시절, 오늘 본 그곳은 어제 봤던 그것이 아니었다. 지붕 개량, 농로와 마을 길 확장, 하천 정비 등 날마다 마을 사람 수십 명이 모여 삽질하고 흙과 돌멩이를 실어 나르느라 온종일 분주했다. 1970년대 초, 농촌의 환경을 개선하고 소득을 올린다는 새마을운동의 목표는 새마을 노래의 가사처럼 "잘살아보세~"가 키워드였다. 사실 대대로 우리나라 농촌이 잘살았던 적이 있었을까. 대부분 늘 배고팠고 헐벗었고 부족했다. 그러니 가난의 대물림에서 벗어난다는 새마을운동에 반대할 리가 없었다. 그래서 "돌격 앞으로!"의 군인정신으로 새벽부터 밤까지 새로운 마을공동체 건설에 앞장섰다.

　새마을운동은 20대 초반의 사진가 지망생인 내게도 커다란 변곡점이었다. 급변하는 고향의 모습은 나를 소리 없이 재촉했다. 오늘 기록하지 않으면 내일이면 이미 늦는 것을 자주 목격했고 체험했다. 이날도 한 마을에 들어서자 길을 확장하기 위해서 초가지붕의 볏짚을 걷어내고 집의 한 귀퉁이를 잘라내는 중이었다. 영문도 모른 채 집이 헐리는 장면을 물끄러미 바라보는 아이, 나무 기둥만 앙상하게 드러난 초가, 멀리 교회의 종탑까지 한눈에 들어왔다.

　형식은 종종 내용을 지배한다. 둥근 초가지붕이 각진 슬레이트 지붕으로, 구불구불한 마을 길이 반듯한 지름길로, 곡선이 직선으로 바뀌면서 사람들의 둥글둥글한 마음에도 변화가 오기 시작한 것일까. 잘살아보려고 열심히 변화를 추구했건만 오히려 농촌의 젊은이들은 하나, 둘 도시로 떠났다. 나도 그때쯤 눈에 낯설어지는 고향을 떠나 서울로 왔다.

　50년이 지난 지금 우리의 농촌은 잘살게 되었는데 속수무책 소멸 중이라는 걱정이 곳곳에서 들린다. 그렇다면 잘 산다는 의미를 다시 짚어봐야 할 때가 아닐까? 기꺼이 살고 싶은 농촌을 만들기 위해 새로운 운동이 필요한 시점일지 모른다.

새마을운동
전북 고창
1972년

소달구지와 아이들

아이들을 가득 태운 소달구지가 보리밭 옆을 지나고 있다. 꼬박 걸어서 집에 가야 할 판인데 옆집 아저씨의 소달구지를 만났으니 운수대통한 날이다. 울퉁불퉁한 길이라 달구지가 삐거덕거리고 덜컹대도 횡재가 아닐 수 없다. 이렇게 종종 길에서 소달구지를 만나면 아이들에겐 행운이지만 그러지 않아도 짐이 무거운 소에게는 피하고 싶은 불운이 아닐 수 없다.

자동차가 드물던 시절, 설사 자동차가 있다고 해도 자동차도로가 없으니 무용지물이던 그 시절 시골길에는 소달구지가 요긴한 이동 수단이었다. 오일장에 나가려면 농부는 새벽부터 소에게 여물을 잔뜩 먹여 배를 든든하게 채워주고, 시장에 내다팔 쌀이며 콩 같은 곡식 가마니를 달구지에 싣고 일찍 집을 나섰다. 가지고 간 곡식이 일찌감치 다 팔리면 이번엔 집에서 쓸 물건을 사서 싣고 가볍게 돌아오는데 이때 하교하는 동네 아이들과 마주치면 소달구지는 만원이 된다.

그러나 실망하기에는 이르다. 멀리 가지 않아 장난꾸러기들은 느린 소걸음이 답답해서 팔짝 뛰어내리고 말 것이기 때문이다. 차라리 제 발로 바람을 가르며 뛰어가는 편이 속 시원할 팔팔한 아이들이다. 벌써 뒷자리 아이들의 표정에 따분함이 역력하다. 아마 이 길의 모퉁이를 돌아설 때쯤 "에잇!"하고 뛰어내릴지 모르겠다. 상황 파악이 빠른 여자아이가 그 기회를 노리며 묵묵히 소달구지의 속도를 따라가고 있다. 빈자리가 나면 냉큼 올라탈 심산이다.

산자락을 몇 개쯤 돌아야 마을에 도착하려나. 오른쪽에 외딴 초가집 두 채는 아직 더 깊이 들어가야 동네가 나올 것임을 짐작하게 한다. 보리밭에선 보리가 파랗게 물결치고 길가의 나무와 산등성이 모두 초록으로 물들어 짙어가는데 소의 고삐를 길게 늘여 잡고 앞장선 농부의 아내와 그 뒤를 소걸음으로 따라가는 농부와 아이들. 잠시 시간이 멈춘 듯 박제된 고향 풍경이다. 다시 오월이지만 또다시 볼 수도, 그때로 돌아갈 수도 없는 추억이다.

소달구지
전북 고창
1973년

모내기

지난주에 서울로 기차를 타고 오면서 차창 밖으로 모내기를 앞둔 논마다 물이 찰랑거리는 풍경을 보았다. 예전에도 봄과 여름이 맞물리는 이 무렵이면 농촌에서는 논에 물을 대고 모를 심느라 분주했었다. 바지를 둘둘 말아 무릎 위로 걷어 올리고 한 줄로 길게 늘어서서 모를 심는데 유난히 거머리가 많은 논에선 발끝부터 무릎까지 더 빈틈없이 중무장하곤 했다. 한번 살갗에 달라붙으면 좀처럼 떨어지지 않고 맹렬하게 피를 빨아먹는 거머리에 물리지 않기 위해서였는데 오죽하면 '찰거머리처럼 달라붙는다'는 표현이 생겼을까.

그러나 모내기 철에 찰거머리보다 더 무서운 게 가뭄이다. 긴 가뭄으로 논이 쩍쩍 갈라지는 바람에 모를 심을 수 없는 지경에 이르면 이웃 간에 서로 물꼬를 대려는 싸움이 빈번했다. 1년 농사의 성패를 가름하는 일이라서 사이좋던 이웃이라도 얼굴 붉히며 언성을 높일 수밖에 없었다. 그러다가 다행히 간밤에 비가 흡족하게 쏟아지면 다음 날에는 언제 그랬냐는 듯이 풀어져 얼굴에 화색이 돌았다. 농부의 마음을 농부가 알기에 서로 어제 일을 탓하지 않았다.

지금은 기계가 대신해주지만 70년대 농사는 거의 다 사람의 손으로 이루어졌다. 그래서 모내기가 한창일 때는 교실에 빈자리가 심심치 않게 눈에 띄었다. 고사리손이라도 필요했기 때문이다. 어른들이 모를 심는 동안 아이들은 잔심부름을 맡았다. 논에 새참을 내가는 일이나 막걸리 심부름은 아이들 몫이었다. 물론 아이들도 싫지 않았다. 슬슬 날씨가 더워지는 참에 교실에 앉아 졸음을 참는 것보다 훨씬 즐거웠고 더구나 새참을 얻어먹는 재미에 신이 나서 논두렁을 뛰어다녔다.

이제 막 점심을 배불리 먹고 논에 들어갈 시간, 마음이 다급한 농부의 아내가 먼저 들어가 모를 배분하는 중이고 논두렁에 선 남편은 담배 한 대를 맛있게 피우며 오늘 해치울 일을 가늠해보고 있다. 진흙투성이인 농부의 종아리 사이로 어느새 여름이 밀려오고 있다.

모내기
경기 광주
1975년

김녕만 — 사진의 향기

여름

완행열차에
꿈을 싣고 서울로

도대체 이 많은 짐을 어떻게 기차에 싣고 내렸는지, 플랫폼에서 서울역 광장까지는 어떻게 끌고 나온 걸까? 누군가를 목 빼고 기다리는 가냘픈 여인과 우악스러운 짐 보따리가 사뭇 걱정스럽다. 친정에라도 다녀오는 길일까? 푸성귀 하나라도 돈 주고 사 먹어야 하는 서울 딸네가 염려스러워 요거조거 자꾸 넣어주었을 어머니와 짐 보따리가 점점 커져도 너무나 요긴하고 필요하기에 마다하지 못했을 딸의 친정 나들이가 그려진다. 지금처럼 택배가 전국 각지를 이어주는 시절이 아니어서 80년대만 해도 시골에서 올라오는 사람들의 손에는 으레 짐 보따리가 들려 있었다.

어렸을 적에는 어머니들의 괴력이 신기했었다. 어떻게 자기 몸보다도 큰 짐을 번쩍 들어 올려 머리에 일 수 있는지. 사실 그때는 어머니들은 다 그럴 수 있는 줄 알았다. 값싼 입석 표 끊어서 완행열차를 타고 오면서도 짐 보따리 서너 개 지참은 기본이었다. 부피가 커서 열차 선반에 올리지 못하니 별수 없이 통로를 막게 되지만 대놓고 불평하는 승객들도 없었다.

이 사진이 찍힌 1983년 서울 인구를 찾아보니 약 920만 명으로 1963년과 비교해보면 불과 20년 사이에 거의 3배 가까이 폭증했다. 10년 단위로 서울 인구가 300만 명씩 증가했으니 그 당시 얼마나 많은 사람이 서울로 유입되었는지를 짐작할 수 있다. 1966년에 벌써 『서울은 만원이다』라는 이호철 작가의 소설이 나오면서 이 제목이 유행어가 되다시피 했다. 인구 1000만 명을 향해 가는 80년대의 서울은 문자 그대로 '만원'이었다.

그러므로 서울역은 늘 분주했다. 기적을 울리며 도착한 기차가 토해내는 수많은 시골 사람들이 저마다 꿈을 안고 서울역에 내렸다. 그러나 별다른 기반이 없는 서울에서 산다는 것이 결코 만만한 일이 아니었다. 그래도 서울은 계속하여 블랙홀처럼 시골 사람들을 빨아들였다. 가난한 농촌에서 벗어나고 싶어서 무작정 상경을 감행하던 시절이었다.

서울역 광장
서울
1983년

농부와 막걸리, 그 막역한 관계

읍내에서 볼일을 다 보고 나면 농부는 잠깐 갈등한다. 주머니에 차비만 달랑거리는데 버스 타고 편히 귀가할까, 아니면 이 돈으로 막걸리 한 사발 쭈욱 들이키고 십 리 길을 허위허위 걸어갈 것인가? 짐작하겠지만 후자를 택한다. 마침 읍내를 벗어나는 길목에 자리잡은 주막에는 으레 먼저 온 동네 사람 한둘은 있기 마련이어서 그들의 유혹을 뿌리치지 못했다는 핑계도 있다.

    오뉴월 땡볕에 나무 그늘에 모여 앉아 새참을 먹을 때, 출출함과 헛헛함을 눅진하게 채워주던 막걸리. 때마침 자전거를 타고 지나가는 집배원이나 동네 이장이라도 눈에 띠면 기어이 불러 세워 막걸리 한 사발 권하던 시절이었다. 그 시절에는 농촌의 아이들도 덩달아 막걸리의 맛을 알아갔다. 준비된 술은 늘 부족한 법이어서 느닷없는 술 심부름은 아이들의 몫이었고, 아이들은 동네 양조장에서 술 한 주전자 받아오면서 호기심에 한 모금, 달큰한 맛에 끌려 또 한 모금의 추억을 갖고 있다.

    막걸리는 곡식으로 빚는 술이므로 오랜 농경사회의 산물이고 그래서 농부의 술, 농주(農酒)라고 불리기도 했다. 그러나 시대가 변하면서 농촌에서도 새참으로 자장면을 시켜먹고, 동네마다 들어선 다방에서 커피를 배달해 마신다는 뉴스가 회자될 때쯤엔 농주로서 절대적 지위가 흔들리기 시작했다. 더구나 최근엔 기계화로 인해 혼자 일하는 농부가 많아지면서 여럿이 둘러앉아 새참을 먹으며 막걸리 한 사발을 권할 사람조차 없다.

    막 거른 술이라 하여 막걸리라는데, 어감 그대로 막 대해도 좋은 술, 인심 후하게 막 권하며 부담 없이 막 마시던 막걸리가 이젠 생존의 법칙을 바꿨다. 도시인에게 다가가는 고급화 전략이다. 지금도 여전히 몇천 원 수준의 서민용이 존재하지만, 알코올 도수를 높여가며 20만원에 육박하는, 막 마실 수 없는 고급 막걸리까지 등장했다. 이래저래 들에서 일하다가 기분 좋게 서로 권하던 소박한 농주와는 거리가 멀어지고 있다.

막걸리
전북 고창
1975년

펑 소리와 함께
부풀던 동심

뻥튀기 기계를 둘러싼 아이들은 희망고문이 될지라도 자리를 뜰 줄 모른다. 고막이 터질 듯한 '펑~' 소리에 눈을 질끈 감고 귀를 막으면서도 한순간 마술처럼 피어오르는 연기와 온 몸으로 스며드는 고소한 냄새, 하얗게 쏟아져 나오는 튀밥에 홀려 마냥 황홀하다. 주전부리가 턱없이 부족하던 그 시절에 아이들은 모두 요술방망이 같은 뻥튀기 기계를 꿈꾸지 않았을까? '뻥튀기처럼 모든 먹을거리가 열 배로 불어난다면 얼마나 좋을까' 하고.

오일장이 서면 시장 한쪽에 뻥튀기 아저씨가 어김없이 찾아와 자리를 잡았다. 아이들은 엄마보다 할머니를 공략하는 게 더 쉽다는 것을 알고 있었다. 졸라대는 손주에게 못 이기는 체 할머니가 큰맘 먹고 쌀 한 됫박 퍼내면 그 기쁨을 무엇과 바꿀 수 있으랴. 날아갈 듯 달려가 차례를 기다리면서 가슴이 먼저 부풀 대로 부풀어 올랐다. 드디어 차례가 오고 아저씨가 익숙한 손놀림으로 쌀을 넣고 튀길 준비를 마친 뒤 쉭쉭거리는 소리가 절정으로 치달을 때 폭발의 순간을 기다리던 짜릿함! 쌀 한 됫박이 튀밥 한 말이 되는 마술에 행복했다.

물론 장날마다 그런 행운을 누릴 수는 없어도 아이들은 무시로 뻥튀기 아저씨 곁을 맴돌았다. 축포처럼 펑펑 터지는 소리와 고소한 튀밥 냄새만으로도 행복의 반은 채워지는 느낌 때문이었다. 그때 스물셋의 청년이었던 어설픈 사진가 지망생인 나도 이 아이들처럼 늘 뭔가 허기진 꿈을 꾸고 있었다. 이 카메라도 뻥튀기 기계처럼 훗날 시골 청년의 쌀 한 톨만한 꿈을 열 배 백 배 확대시켜 줄 수 있을까? 그 다음해에 나는 상경하여 늦깎이 사진과 학생이 되었다.

이 사진을 찍은 1972년 우리나라 1인당 국민총소득이 340달러였는데 그로부터 50년이 지난 2021년에는 3만4980달러가 되었다. 거짓말처럼 100배 이상 부푼 것이다. 그렇다면 과연 50년 전 튀밥 한 자루의 행복은 몇 곱절 커졌을까. 그 행복지수가 궁금해진다.

뻥튀기
전북 고창
1972년

한여름 더위
식혀주던 수박

결단을 내려야 할 시간이다. 전진할 것인가, 기다릴 것인가? 수박모자 뒤집어쓰고 커다란 숟가락을 꽉 움켜쥔 아이는 망설인다. 이대로 돌진하여 한입 빼앗아 먹어버릴까, 아니면 계속 애원하는 표정으로 형의 측은지심에 기대어 형이 베푸는 선심을 기다려야 할까? 그러나 우격다짐으로 형을 이길 자신은 없고, 아예 동생과 눈을 맞추려 하지 않는 눈치 빠른 형에게서 연민을 끌어낼 가능성 또한 작아 보인다. 진퇴양난이다.

    햇볕이 쨍쨍 내리쬐는 한여름에 수박은 최고의 먹거리였다. 냉장고가 없던 때라서 어머니는 차가운 우물물에 수박을 담가 놓으셨다. 그러면 아이들은 우물가를 빙빙 돌다가 수박이 잘 익었나 보려고 삼각형으로 딴 꼭지 부분을 재빨리 뽑아 속을 베어 먹고 얼른 뚜껑을 덮곤 했는데 그 달곰한 맛에 더욱 안달이 났다. 이윽고 어머니가 양은쟁반에 올려놓은 수박을 커다란 식칼로 자를 때 칼만 대도 저 스스로 "쩍" 하는 소리와 함께 쫙 벌어지던 새빨간 속살에 기웃거리던 무더위는 저만치 달아났다.

    이 사진을 본 사람들이 저마다 "어, 이거 나네? 내가 왜 여기 있지?"라고 농담을 던지는 건 어렸을 적 한두 번쯤은 수박모자를 써본 경험자이기 때문일 것이다. 그때는 수박 한 통을 나눠 먹을 식구가 너무 많아서 모두 자신의 몫이 부족했고, 그래서 자꾸 깊게 파먹다 보면 수박껍질에 구멍이 나기 일쑤였다. 그 아쉬움이 수박모자가 되었다. 바닷가에서 만난 이 수박모자 아이는 과연 수박 한 숟가락을 더 먹을 수 있었을까?

    초복을 지나 중복을 향해 간다. 달고 시원한 수박의 계절이다. 그런데 가난한 세월을 넘어선 지금도 선뜻 수박 한 통 사기가 버겁다. 이번에는 예전과 반대로 수박 한 통을 단숨에 먹어치울 식구가 없는 탓이다. 그러니 시장에서는 4분의 1로 쪼갠 수박을 포장해서 팔기도 한다. 인구절벽을 걱정하는 시대에 먹을 사람은 많고 수박이 모자랐던 그 시절을 떠올려 본다.

수박모자
전북 부안
1973년

한여름의
시린 풍경

무더위가 기승을 부리는 날, 흐미진 다리 아래서 멱감는 여인들이 눈에 들어왔다. 과감하게 러닝셔츠를 벗어버린 여인, 차마 다 벗진 못하고 위로 치켜올린 여인, 입긴 입었는데 구멍이 숭숭 뚫린 낡은 러닝셔츠를 입은 여인, 이렇게 각기 다른 모습이 눈길을 끌었다.

　　아예 윗옷을 벗어버린 여인은 머리에 빗까지 꽂고 앞사람의 등을 밀어주며 멱감기에 가장 적극적인 모습이다. 한편 그녀에게 등을 맡긴 여인은 그 시절 시골 아주머니들에게선 보기 힘든 브래지어까지 착용한 모양새와 언제든 옷을 내릴 요량으로 훌렁 벗지 않은 조심스러운 태도로 보아 더위에 쫓겨 냇물에 뛰어들긴 했지만, 시골 아주머니의 수더분한 분위기는 느껴지지 않는다. 그리고 가장 마음이 가는 한 사람, 해어진 러닝셔츠를 벗지도 그렇다고 걷어 올리지도 않은 채 고개를 수그린 마른 체형의 여인은 당차 보이는 두 여인과 대조를 이룬다.

　　여인의 떨어진 러닝셔츠가 아프게 눈에 파고들었다. 낡을 대로 낡아서 눈만 흘겨도 구멍이 나게 생긴 저 속옷은 그 시절 시골 어머니들의 가난과 헌신을 상징한다. 항상 남편과 자녀가 먼저인 어머니가 자기의 입성까지 챙길 여유가 있었을 리 만무했다. 그때는 대개 어머니의 마지막 하루 일과가 식구들의 옷과 양말 등을 깁는 바느질이었는데 막상 자신의 러닝셔츠는 기울 수도 없는 구제불능이다. 그렇다면 물속에 잠겨서 보이지 않는 속곳이라고 더 나을까. 새것처럼 보이는 번듯한 두 여인의 속곳과 비교되어 더 깊은 물 속에 몸을 담근 것인지도 모르겠다.

　　언제부터인가 집안에서 반짇고리가 사라졌다. 요즘엔 바늘귀를 꿰어본 적도 바느질을 해본 적도 없는 사람들이 부지기수일 것이다. 당연하다. 옷이 닳아 떨어질 때까지 입지 않으니 바느질을 할 일도 없다. 이 사진을 보노라면 철없이 냇가에서 멱 감으며 놀던 어린 시절엔 미처 알아차리지 못했던 어머니의 남루함에 뒤늦게 가슴이 시리다.

멱감는 여인들
전북 임실
1978년

소나기가 반가운 우산 장수

우산 파는 아주머니에게는 느닷없는 소나기가 더 반가울지 모르겠다. 미처 우산을 준비하지 못한 사람들의 반짝 수요가 기대되니 말이다. 여기저기서 우산을 찾는 부름에 뛰어다니느라 비를 쫄딱 맞아도 품에 가득했던 우산이 하나둘 줄어드는 재미에 신바람이 난다.

이제는 편의점이 많아져 길에서 우산 파는 사람들도 사라졌지만 70~80년대 서울역 광장은 우산 팔기에 아주 좋은 곳이었다. 출발지에선 비가 오지 않았는데 서울역에 내리니 비가 쏟아져 어찌할 바를 모르는 승객들 때문이다. 그렇게 한나절 우산을 팔다 보면 언제 비가 왔느냐는 듯이 날씨가 활짝 개는 것도 순간이다. 우산 파는 엄마를 따라와 비를 맞던 아이가 비로소 엄마와 함께 집으로 돌아갈 수 있는 시간이다.

학창시절에는 갑자기 비가 쏟아지는 오후에 엄마가 우산을 들고 학교에 찾아와주는 친구들이 부러웠다. 엄마 손을 잡고 친구들이 하나둘 집으로 돌아가면 덩그러니 남은 몇몇 아이들은 서로 멀뚱히 바라보다가 약속이나 한 듯이 한순간 가방을 머리에 이고 냅다 달렸다. 죽어라 뛴 것은 비를 맞지 않기 위해서라기보다 부러움을 떨쳐버리고 싶어서였는지 모른다.

비슷한 처지인 친구들과 서로 물을 튀기며 달리다 보면 우리는 이내 명랑해졌다. 어차피 흠뻑 젖었으니 더는 젖을 일이 없어 마음 편하게 장난치며 깔깔거렸다.

70년대에는 대나무로 살을 만들어 그 위에 파란색 비닐을 씌운 비닐우산이 대세였다. 바람이 조금만 세게 불어도 우산이 뒤집어지곤 했는데 그럴 때는 바람 부는 방향으로 우산을 갖다 대면 다시 휙 뒤집혀 원위치로 되돌아왔다. 아이들은 우산을 낙하산처럼 폈다 접었다 하는 재미에 까불다가 대나무 살이 툭 부러져 울상이 되기도 했다.

진정한 친구는 우산을 씌워주는 게 아니라 같이 비를 맞아주는 친구라는 말이 있다. 그래서인가? 비가 오는 날에는 문득 함께 젖으며 천방지축 나대던 어린 시절 친구들이 생각난다.

우산 장수
서울역
1978년

대학 등록금이 되어준 '소 판 돈'

농부는 이른 아침부터 장에 갈 채비를 했다. 그동안 가족처럼 지내온 정든 소를 팔러 가는 길은 언제나 그렇듯이 발길이 쉽게 떨어지지 않는다. 괜히 헛기침하며 중절모까지 찾아 쓰고 돋보기와 우산까지 챙기고도 선뜻 집을 나서지 못한다. 그러나 10리 길은 족히 걸어야 할 판이니 다시 소를 몰고 집에 돌아오는 일은 없어야 한다.

한나절이 지나지 않아 다행히 제값을 받고 소를 넘겨주었다. 이별을 아는지 슬픈 눈을 하고 서 있는 소를 애써 등지고 소 판 돈을 챙기고 있는 농부. 돈다발을 양말 속에 넣고 대님을 묶으면 은행금고처럼 안전하다. 물론 오늘 같은 날은 막걸리 한 잔도 입에 대지 않고 쏜살같이 귀가해야 한다. 큰아이 대학 등록금을 낼 귀한 돈을 품고 있으니 말이다.

70년대에는 대학을 '상아탑'이란 말 대신에 '우골탑'이라고도 불렀다. 청운의 꿈을 안고 서울로 유학 간 아들을 가르치기 위해 농촌에서는 농부도 소도 농사짓느라 등골이 휘었고, 때로는 등록금을 마련하기 위해 집안의 보물인 소를 팔기도 해야 했으니 우골탑이란 말도 과장은 아니었다.

대학을 졸업하던 해에 우시장에서 이 농부를 보았을 때 오래전에 돌아가신 나의 아버지가 생각났다. 겨우 중학교 2학년인 늦둥이 막내아들을 두고 세상을 떠나신 나의 아버지는 막내의 대학 등록금에 쓰라며 암송아지 한 마리를 나의 몫으로 남기셨다. 잘 키워서 어미소가 되면 또 송아지를 낳을 테고, 그렇게 막내의 등록금을 해결해보라는 애틋한 마음이었다. 그러나 집안 형편상 해를 넘기지 못하고 송아지를 팔아버리는 바람에 아버지의 뜻은 이루어지지 못했다. 그 결과 나에게 대학은 상아탑도 우골탑도 아닌, 변변한 무기조차 없이 무조건 살아남아야 하는 전쟁터가 되었다. 우시장에서 정든 소 고삐를 놓고 집으로 돌아가는 농부의 뒷모습을 물끄러미 바라보며 어린 아들을 두고 가시며 애잔했을 아버지의 마음을 헤아려 본다.

소 판 돈
전북 고창
1978년

중절모와 아이스케키

모자 위에 모자를 눌러쓴 할아버지를 보았을 때 뜬금없이 어린 시절의 소망이 떠올랐다. 길거리에서 양손에 각각 '아이스케키' 하나씩 들고 번갈아 가며 이쪽저쪽 한 번씩 맛있게 빨아먹는 친구가 얼마나 부러운지 나도 꼭 그렇게 해보고 싶었다. 그러나 긴 여름이 다 가도록 양손에 아이스케키를 쥐어 보겠다는 나의 소박한 소망은 그냥 잊히고 말았다. 모자 두 개를 쓴 할아버지도 나와 같은 심정이었을까. "돈을 모아서 이번 장에는 기필코 챙이 넓은 모자와 점잖은 중절모를 한 번에 장만해보리라"하는.

1970년대까지만 해도 시골 장터나 거리에서 흰옷에 중절모를 쓴 할아버지를 만나는 건 어렵지 않았다. 우리에겐 의관을 정제하는 오랜 전통, '의(依)'가 앞서는 '의식주' 문화가 있었기 때문일 것이다. 그런 전통 때문인지 맨머리로 외출하기를 어색해하셨던 할아버지는 집 밖에 나가시려면 모자부터 먼저 찾아 들었다. 그리고 외출했다가 돌아오면 횃대에 모자와 의복부터 가지런히 걸어 놓으셨다. 예전에는 체면을 목숨처럼 중하게 여기시는 어른들이 참 고리타분하다고 생각했는데 막상 체면 따위는 내팽개친 세상에 이르니 항상 의관을 정제하고 곁불은 쬐지 않고 찬물 먹고도 이 쑤시는 꼿꼿한 정신을 이젠 이해할 수 있겠다. 밥은 굶어도 시시해 보이기는 싫은 자존심이 아니었을까.

50년이 흐른 지금 이 사진을 다시 보니 두 할아버지의 조화가 재미있다. 한 분은 동그란 안경에 비스듬히 쓴 모자, 담배를 입에 문 느긋한 자세가 한량의 풍모다. 그 옆에 모자를 겹쳐 쓰고 지갑을 들여다보고 있는 할아버지는 핸드폰에 열중하는 요즘 시대 엄지족 같은 모습이다. 아침에 함께 장에 나온 할머니를 기다리는지 아니면 집에 돌아가기 전에 막걸리 한 잔을 같이 마실 친구를 기다리는지 두 분 다 일어설 기미가 없다. 문득 중첩된 중절모가 일깨워주는 잊었던 나의 소망, 늦었지만 올여름에는 이루어봐야겠다.

중절모
전북 고창
1975년

시원하고 달콤한
원두막 낮잠

달다. 수박도 달고 참외도 달고 아기의 낮잠도 달다. 사방이 툭 터진 원두막에서 자는 낮잠이 얼마나 시원하고 달콤한지 세상일 나 몰라라 아기는 단잠에 빠졌다. 그 사이 원두막 아래 너른 수박과 참외밭에서는 아기가 낮잠에서 깨기 전에 일을 마치려고 엄마는 땀을 흘리고 있다. 요즘처럼 '고창 수박'이 유명해지기 전에도 구릉이 많아서 그랬는지 내 고향 고창에는 유난히 수박밭이 흔했다. 밭 한가운데에는 으레 원두막이 들어섰는데, 에어컨이 없던 그 시절 원두막은 최고의 피서지였다. 한쪽에 놓인 두툼한 이불이 말해주듯 한밤중에는 제법 서늘하기까지 했다. 모기향을 피우고 수박 한 통 쪼개 먹으며 밤늦게까지 두런두런 이야기를 나누면 무더위도 쫓고 수박 서리하러 오는 밤손님도 쫓으니 일석이조(一石二鳥)였다.

여름 내내 친구들 사이에선 수박 서리 무용담이 화제였다. 이슥한 밤에 주인이 잠들기를 기다리며 숨죽이고 엎드려있다가 주인보다 먼저 잠드는 바람에 덜미를 잡혀 곤욕을 치른 이야기에 우린 함께 낄낄거렸다. 그러나 설령 수박 두세 통을 잽싸게 서리해왔다고 해도 먹을 수가 없었다. 대낮에 두 눈 크게 뜨고 통통 두드려가며 감별해도 잘 익은 수박을 고르기가 어려운데 한밤중에 주인 몰래 급하게 따온 수박이 제대로 익었을 리가 만무하니 말이다. 설익어 낭패지만 우리는 수박을 먹는 것보다 스릴을 즐기는 쫄깃한 맛에 속없는 짓을 했다.

시골이라 이층집이 드물던 어린 시절에는 다락방이나 원두막처럼 조금만 높은 곳에 올라가도 신기했다. 그런데 어쩌다 수박밭에 찾아가 수박 서너 통과 참외 한 접씩을 사는 어머니를 따라가면 맘 좋은 주인이 원두막에서 수박을 대접했다. 허술한 사다리 서너 개를 밟고 올라가 원두막에 턱 하니 자리 잡으면 눈 앞에 펼쳐진 세상이 온통 내 발아래 있는 것처럼 짜릿했다. 지금은 에어컨 바람 써늘한 고층아파트에 살고 있지만, 그때의 그 신바람 나는 기분을 다시 느낄 수가 없다.

원두막
전북 고창
1977년

사라진
남광주역에서

지나온 인생은 짧지만 살아내야 하는 인생은 길다. 기차처럼 길다. 인생이 하루해처럼 짧았다면 삶의 무게가 새털처럼 가벼웠을까. 그러나 무수히 다가오는 오늘을 살아가야 하는 서민의 짐은 녹록지 않다. 벌써 오래전 사라진 남광주역이지만 30년 전만 해도 그 역에 비둘기호 기차가 도착하면 사람보다 더 많은 짐보따리가 내렸다. 거기에는 어제 캔 산나물이나 밭에서 거둔 푸성귀, 새벽에 삶은 옥수수 같은 별거 아닌 것들이 들어있었다.

어머니들은 돈도 안 되면서 무겁기만 한 보따리를 이고 메고, 심지어 질질 끌고 남광주 역전에서 펼쳐질 번개 장터로 향했다. 그나마 멀리 갈 필요 없이 역전에서 장이 선다는 것이 다행인데, 재수가 좋으면 아침 일찍 기차에서 내려서 한두 시간 만에 후다닥 물건을 팔아치우고 점심 전에 남광주역을 출발하는 기차를 타고 집으로 돌아갈 수가 있었다. 이 반짝 시장은 산지에서 직접 가져온 싱싱한 물건으로 인기가 있었고 반면 시골 어머니들에겐 적은 돈이라도 만져볼 수 있는 아주 좋은 기회였다.

남광주역은 곽재구 시인의 시 "사평역에서"의 실제 배경이다. 70년간 경전선 철도역이었다가 2000년에 폐쇄되었기 때문에 지금은 흑백 사진이나 시인의 시에서 그 흔적을 찾을 수 있을 뿐이다. 또한 무거운 짐에 휘청거리던 그 시절의 어머니들, 힘들여 가져온 것들을 다 팔아도 고작 손에 쥐는 것은 몇 푼이었고 그 돈마저 당신 자신을 위해선 쓰지 못하던 어머니들도 대부분 이젠 생을 마감하고 이 세상을 떠나셨을 것이다.

사평역에서 시인은 이미 알고 있었던 것일까? "단풍잎 같은 몇 잎의 차창을 달고 / 밤 열차는 또 어디로 흘러가는지 / 그리웠던 순간들을 호명하며 나는 / 한 줌의 눈물을 불빛 속에 던져 주었다."라고 시를 끝맺는다. 아무리 삶의 짐이 무거웠어도 지나가 버린 시간은 시인의 말처럼 눈물겨운 그리움으로 남는다. 기어이 호명하고 싶은 '그 순간들'이 되고 만다.

남광주역
광주 학동
1992년

노부부의
여름나기

불볕더위가 내리쬐던 날 땀을 뻘뻘 흘리며 산길을 내려오고 있을 때였다. 시원한 물소리와 함께 노부부가 서로 등목해주는 모습이 눈에 들어왔다. 담장이 없는 집이라서 마당이 훤히 다 보이지만 산자락과 맞닿은 곳이라 오가는 행인조차 거의 없으니 노부부는 평소에 남의 눈 의식하지 않고 살아왔을 것이다. 오늘도 한나절 밭일하고 땀에 절어 집에 돌아와 윗옷부터 벗어 던지고 우물물 길어 차가운 물을 등에 끼얹는 중이었다.

그때는 어른이나 아이들이나 밖에서 땀을 흘리다가 집에 돌아오면 우물가로 먼저 달려갔다. 일단 벌컥벌컥 실컷 들이마신 후 열기로 달궈진 몸에 물 한 바가지 확 쏟아부으면 종일 달라붙어 끈적거리던 더위가 비로소 저만치 떨어져 나갔다. 차가운 물이 등줄기를 타고 내려갈 때는 소름이 돋으며 저절로 오싹한 비명이 터져 나왔다. 그렇게 연신 물을 퍼부어 얼얼해진 몸으로 앞뒤 툭 터진 대청마루에 큰 대자로 누우면 얼마나 개운하고 가벼운지 걷잡을 수 없이 눈이 감기며 스르르 잠이 쏟아지곤 했다.

50년 전 여름에 "뭘 이런 걸 다 찍는대. 늙은이들이 무슨 사진이 된다고?" 하시면서도 할머니 등에 살갑게 물 한 바가지 더 부어주시던 할아버지. 어느새 젊고 어여쁜 나이를 지나 이마에 주름이 가득하지만 검은 머리 파뿌리 되도록 한평생을 서로 의지하며 살아온 노부부에게는 서로가 세상 누구보다 귀하고 소중한 존재일 수밖에 없다. 자기의 등에 물 한 바가지 끼얹어 줄 한쪽이 없다면 긴 여름에 날마다 등목으로 하루의 노동을 마무리하는 소박한 행복을 어찌 누릴 수 있을까.

지금 다시 이 사진을 보면서 "님아, 그 강을 건너지 마오"라는 영화가 떠오른다. 벌써 반세기가 흘렀으니 이 노부부도 마침내 그 강을 건너고야 말았을 것이다. 그래도 사진에서는 여전히 등목하는 물소리가 들려오고 물 한 바가지라도 더 퍼부어주려던 노부부의 모습이 정겹게 살아 있다. 시간의 강을 건너지 않는 사진의 힘이다.

등목
전북 고창
1974년

장기판 같은 삶

아무리 농사일이 바빠도 짬은 있다. 벼는 뙤약볕에 튼실하게 익어가고, 봄에 심은 작물을 거둬들인 밭은 김장배추와 무를 심기 전 잠시 쉬고 있다. 입추를 지나 말복에 이르는 가장 더운 한 주 동안에는 농사일에 백전노장 할아버지들도 시원한 느티나무 아래에서 느긋하게 장기와 바둑으로 소일삼는다. 지금 같으면 마을회관에 모일 테지만 그때만 해도 바람이 지나는 길목 나무 그늘은 한여름 최고 명당이었다.

"여기 장기 두던 사람 어디 마실 갔는가?" 외통수에 몰려 쩔쩔매는 상대방을 약 올리는 심리전도 필수다. 으레 참전한 선수보다 훈수 두는 사람에게 수가 더 잘 보이는 법. 기가 막힌 수가 있는데 그걸 못 보고 있으니 답답하다. 그러나 막걸리 내기에 잘못 끼어들었다가 막걸리 한 잔 공짜로 얻어먹기는커녕 욕만 먹을 수 있어 입술만 달싹거리며 애써 참는다. 극성스럽게 울던 매미도 잠시 주춤한 사이 "장군!" "멍군!"을 번갈아 외치는 소리가 호기롭게 마을을 울린다.

그때는 미처 몰랐는데 지금 다시 보니 할아버지들의 옷차림이 단정하기 이를 데 없다. 무더위에도 하얀 모시옷과 중절모에 양말까지 멀리 외출이라도 나가는 사람처럼 일습을 갖췄다. 모시옷이 땀에 젖어 몸에 달라붙지 않도록 팔과 목덜미에 등거리를 하고 흐트러짐이 없는 자세로 일전을 벌이고 있다.

인생은 장기판 같다. 너무 바싹 다가앉은 당사자보다 거리를 두고 물러앉은 사람의 눈에 묘수가 보이고, 작은 걸 잡으려고 욕심부리다 큰 걸 잃거나 소심하게 방어에만 몰두하다가 힘 한번 제대로 써보지 못하고 무기력하게 패할 수 있다. 때로는 아까운 차(車)나 포(包)를 과감하게 희생하여 승리를 거두기도 하는데, 무엇보다도 오늘 졌다고 해서 내일 또 지라는 법은 없다. 백전노장은 그걸 안다. 엎치락뒤치락 이기고 지는 한나절 장기판처럼 한평생 삶 역시 한판으로 끝나는 승부가 아니라 기쁨과 슬픔 사이에서 지치지 않고 계속 살아내야 하는 것임을.

장기판
전남 담양
1975년

발보다 귀한
검정 고무신

발보다 신발, 그땐 그랬다. 발바닥에 묻은 흙이야 닦으면 그만이지만 새 신발에 흠집이 나는 건 싫었다. 방학 내내 엄마를 졸라서 새로 산 타이어표 검정 고무신. 차마 신기가 아까워 맨발로 걸어도 날아갈 듯 발걸음은 가볍기만 했다.

검정 고무신은 생김새가 똑같아서 친구들의 신발과 바뀌기 쉽고 새것은 종종 잃어버리기도 했다. 그래서 새로 고무신을 사면 신발 안쪽에 살짝 자기만 아는 표시를 해두었다. 그래도 가끔 새 신발을 신고 학교에 왔다가 신발이 없어지는 바람에 덩그러니 신발장에 남아 있는 낡은 고무신을 신고 훌쩍거리며 집에 가는 아이도 있었다. 워낙 모든 게 귀하던 시절이라 새 신발에 얽힌 추억은 많다. 웬만큼 해지지 않고서는 새로 사주지도 않거니와 새로 살 때는 발이 쑥쑥 큰다는 이유로 으레 손가락 하나 들어갈 정도로 큰 걸 사주었다. 새것은 헐렁한 데다 딱딱하기까지 하니 발뒤꿈치가 까지기 일쑤였고 그러다 이윽고 신발이 발에 잘 맞을 때쯤 되면 그땐 너무 닳아서 구멍이 뚫리곤 했다.

어쩌다 운동화를 신고 다니는 친구들이 있어도 부럽지 않았다. 사실 시골에서는 고무신이 더 편했다. 물에 젖어도 탁탁 털어 신으면 그뿐이고 낡은 고무신은 낭창낭창하고 말랑말랑하여 발도 편하고 마음도 편했다. 친구들과 냇가에서 놀다가 송사리를 잡으면 물 채운 고무신에 집어넣었다가 집에 돌아갈 땐 다시 놓아주었다. 또 누구 신발이 더 빨리 흘러가는지 시합하다가 갑자기 센 물살을 만나 빠르게 떠내려가도 헌 신발일 경우엔 뒤쫓아가는 마음이 덜 다급했다. 게다가 헌 고무신은 엿장수 아저씨의 엿 한 가락과 바꿔 먹으니 마지막까지 쓸모 있었다.

사진 속 아이는 지금 새 검정 고무신을 공손히(?) 모시고 걷고 있지만 아마 이듬해에는 발에 착 맞는 헌 신발이 되어 행여 잃어버릴세라 조바심내는 일도 없을 것이다. 요즘처럼 물건 귀한 줄 모르는 이 시대엔 가질 수 없는 추억이다.

검정 고무신
전북 고창
1973년

김녕만 ─ 사진의 향기

가을

옹기종기 모인
사물들의 정담

옆집에 숟가락이 몇 개 있는지, 그 집이 지금 밥을 하는지 죽을 쑤는지 그 속을 다 알던 시절에는 이웃끼리 애써 서로 숨길 것도 없고 숨겨지지도 않았다. 낮은 담장 너머, 때로는 아예 담조차 없어 안과 밖의 경계, 나와 이웃 사이의 울타리가 존재하지 않았고 그러니 터놓고 살았다. 모든 물건이 수납장으로 들어가 눈에 보이지 않는 요즘과 달리 50년 전 시골에서는 눈에 잘 보이는 곳에, 얼른 손에 잡기 쉬운 곳에 나와 있었다. 서로서로 무엇을 가졌는지 다 알고 있으니 우리 집에 없는 물건은 옆집에서 빌려 쓰면 그만이었다. '공유'의 개념이 그 시절엔 저절로 실현된 셈이다.

    지나가던 나그네가 보아도 이 집의 사정이 한눈에 빤히 들어온다. 칫솔 6개가 걸려있으니 아마 식구는 6명 정도일 것이고, 요강이 두 개인 걸로 미루어 방은 두 개 이상 있을 것이다. 그 밖에도 가는 체와 성근 체, 작고 큰 항아리, 새로 묶어놓은 빗자루와 맷돌, 쌀을 이는 조리와 성냥까지 부엌이 아닌 이곳에 죄 나와 있다는 것은 부엌보다 마당에서 더 자주 쓰인다는 뜻이리라.

    이 벽을 바라보면 예전에 어머니가 뒷마당에 가꾸시던 채마밭이 떠오른다. 어머니의 정갈한 손끝이 닿는 것들은 어쩌면 하나같이 싱싱하고 보기 좋았는지. 고추·상추·가지·토마토·오이가 다투어 열매를 맺었고, 채마밭 옆 자투리땅에선 분꽃과 맨드라미·봉숭아가 꽃망울을 터뜨려 늘 뒷마당이 환했다. 여기, 반들반들 윤이 나게 닦은 항아리와 요강에서도 어머니의 깔끔한 손길이 느껴진다.

    그리고 흥미로운 것은 직선과 곡선의 조화다. 벽면을 반으로 나누는 선과 네모반듯한 문짝은 직선인데 항아리도 요강도 맷돌과 맷방석도 그리고 소쿠리와 프라이팬도 다들 동글동글 원만하여 서로 다른 것들끼리 옹기종기 모인 채마밭이나 꽃밭처럼 예쁘고 정겹다. 그리고 어찌 보면 각진 것과 둥근 것들이 조화를 이루며 살아가는 우리네 삶의 모습 같기도 하다.

벽
경기도 고양
1975년

장돌뱅이와 완행열차

가을볕이 따가운 장터에서 하루종일 땀을 흘린 장돌뱅이 할아버지의 어깨에 멘 짐이 가벼우면 집으로 돌아가는 발길도 덩달아 가볍다. 오른쪽 어깨가 축 처지지 않은 거로 보아 팔지 못한 물건이 그리 많이 남지는 않은 모양이다. 당시 전라북도 남부와 전라남도 북부 일대 오일장에 가면 이 할아버지와 종종 마주치곤 했다. 비록 값싼 나일론 줄 같이 별거 아닌 것을 파는 장꾼이지만 망건까지 갖추어 쓰고 옷매무새를 함부로 하지 않았다. 워낙 더운 날에는 대나무로 만든 등걸을 목에 둘렀는데 이는 삼베옷이 땀에 절어 목에 찰싹 달라붙는 것을 방지하는 장치다.

전남 장성역에서 우연히 할아버지의 뒷모습을 보았다. 기차표를 망건에 꽂은 할아버지가 역에 들어서자 때맞추어 할아버지를 집으로 데려다줄 호남선 완행열차가 기적을 울리며 플랫폼으로 들어오고 있었다. 늘 떠나고 돌아오는 장꾼의 삶처럼 완행열차도 한곳에 오래 머무르지 않고, 또한 크든 작든 장이 서는 곳마다 빼놓지 않고 찾아다니는 장꾼처럼 아무리 작은 역이라도 그냥 지나치지 않는다.

돌이켜보면 완행열차는 그 시대 사람들이 살아가는 삶의 속도였던 것 같다. 그것은 차창 밖의 풍경을 놓치지 않고 느긋하게 눈에 담을 수 있는 속도였다. 기차 속에서도 건널목에서 손을 흔들어주는 아이들과 눈을 맞출 수 있고, 멀리 손금처럼 가느다란 논둑을 따라 소를 몰고 가는 농부의 걷어 올린 구릿빛 종아리와 장에 갔다가 돌아가는 아주머니들의 종종걸음을 여유 있게 바라볼 수도 있었다.

그러나 삶의 속도가 점차 빨라지면서 완행열차도 오일장처럼 뒷전으로 밀리고 고속열차가 등장했다. 작은 역에는 눈길조차 주지 않을뿐더러 타고 내릴 때 역무원과 기차표를 주고받는 일조차 생략된 고속열차는 현대인의 삶의 속도처럼 무섭게 빠르다. 지금 우리는 무엇을 향해 고속열차처럼 그리도 조급하게 달려가는 중일까. 쉬엄쉬엄 가도 결국엔 모두 인생의 종착역에 닿게 될 텐데 말이다.

기차표
전남 장성
1977년

김녕만 │ 사진의 향기 │ 가을

구름 타고
하늘로 떠나는 날

이삿짐은 없다. 그저 한세상 살아낸 몸 하나만 달랑 구름처럼 하늘로 떠나가는 참이다. 하얀 상복을 입은 상여꾼들이 메기는 구슬픈 소리는 죽은 자보다 산 자가 들어야 할 노래 같다. 한번 가면 다시 오지 못하는 죽음을 애달파하며, 그러므로 죽음 앞에서 삶이 얼마나 찬란한가를 곱씹으라는 반어법 같다. 죽음을 대하는 태도는 삶을 대하는 태도와 직결된다. 죽음조차 가볍고 상업화되어 가는 현대사회에서 생명을 경시하는 현상이 팽배함을 우연의 일치라 할 수 있을까?

남도를 여행하다가 전남 화순군 동복면에서 한천 농악을 이끌어 온 상쇠 할아버지의 초상과 맞닥뜨렸다. 그저 지나던 나그네였지만, 찾아 들어가 예를 표하고 하룻밤을 머물며 사라져가는 우리의 전통 장례식을 지켜보았다. 30년 전만 해도 이미 대단한 유학자가 돌아가시는 경우가 아니면 좀처럼 전통 장례식을 보기가 어렵던 때였다.

이 마을에서 태어나 팔십 평생 농사짓고 마을 사람들과 어울려 꽹과리를 치며 농악대를 이끌던 노인의 평범한 죽음인지라 내가 어렸을 적에 보았던 것처럼 자연스러운 민간 풍습 그대로였다. 초상집에서 동네 아주머니들은 종일 부엌과 뒷마당에서 전을 부치고 음식을 장만하느라 여념이 없었다. 조문객들이 계속 들락거렸고 밤이 이슥해지자 내일의 상여 행렬을 주도할 상여꾼들이 빈 상여를 메고 마당을 돌며 상여놀이를 벌였다. 더러는 눈물을 훔치고 한쪽에선 과장되고 떠들썩한 너스레로 슬픔을 감췄다.

한 사람이 귀한 생명을 받고 태어나 한평생 살다가 떠날 때 이 정도의 예우는 받아야 하지 않을까. 일가친척과 마을 사람들이 모두 모여 고인이 탄 상여 행렬을 배웅하는 모습을 바라보며 든 생각이다. 모두가 마음을 모아 진실로 고인을 애도하며 정성스럽게 이별하는 방식은 꽃가마 타고 시집오는 혼례길보다 더 눈물겹게 아름답다는 생각이 들었다. 하얀 구름과 하얀 상복과 하얀 꽃상여가 하늘로 가는 길을 하얗게 밝혀주는 것 같았다.

꽃상여
전남 화순
1992년

엄마들도 달린다, 가을운동회

엄마들 차례. 오전 내내 함성을 지르며 뛰고 구르던 아이들이 지친 오후, 엄마들의 달리기가 시작된다. 바쁜 농사일이 마무리되어가는 농촌에서 초등학교 가을운동회는 온 동네가 시끌벅적한 축제였다. 나들이옷으로 단정하게 갈아입고 학교를 찾아온 얌전한 어머니들도 일단 승부욕이 발동하자 체면 따위, 던져버린다. 거추장스러운 한복 치마를 허리띠로 졸라매고 고무신도 벗어 던진 채 맨발로, 혹은 버선발로 두 주먹 불끈 쥐고 달리는 어머니들. 아이들 보는 앞에서 어쨌든지 1등을 해서 공책 몇 권이라도 타야 체면이 설 텐데 마음이 급하다.

맑은 가을 하늘에 만국기 펄럭이던 학교 운동장에 우렁우렁 울려 퍼지던 씩씩한 응원가, 청군 백군으로 나뉘어 점수가 올라갈 때마다 함성과 탄식이 오갔다. 뙤약볕에서 한 달 내내 연습한 매스게임을 부모님 앞에서 멋지게 선보인 후 나무 그늘에서 온 식구가 둘러앉아 엄마가 준비해온 도시락을 먹으며 배부르고 행복했던 기억. '상'이라는 빨간 도장이 선명하게 찍힌 공책을 받아들고 뿌듯하게 집으로 돌아갈 때, 그런 소소한 기쁨조차 그때는 너무나 큰 기쁨이어서 높은 가을 하늘처럼 마음이 부풀어 올랐다.

그러나 이제 그런 기쁨은 시시해진 것일까? 70년대의 운동회 모습은 사라졌다. 단체로 매스게임을 연습하고 몸을 쓰며 뛰고 구르기에는 요즘 아이들은 너무 귀하고 바쁜 몸이 되었다. 전교생이 한자리에 모일 만한 큰 규모의 운동장도 찾아보기 어렵다. 요즘처럼 초등학교 교육이 심각한 위기에 처한 시대에 사진에서 보이는 "성실한 마음 튼튼한 몸"이라는 저 소박한 문구로 돌아갈 수 있다면 초등교육의 정상화, 그 실마리가 풀리지 않을까?

마음 같아선 바람처럼 빠르게 달리고 싶은데 몸이 따라주지 않아 안타까운 엄마들의 표정이 재미있다. 벌써 숨은 차는데 결승선은 아직 멀다. 그렇다. 역시 어떤 일에서든지 1등을 한다는 것이 어려운 일임을 엄마들이 깨달을 차례다.

운동회
전북 고창
1976년

가을날 강아지와
할머니의 밀당

긴긴 여름 뜨거운 햇볕에 야물게 잘 여문 콩을 가을볕에 널어놓았다. 곡식 가운데 콩이 제일 더디 말라서 예전부터 농가에서는 콩을 갈무리하면 가을걷이를 다 끝마쳤다고 했다. 여름이 끝날 무렵 콩대를 꺾어 단을 만들어 세우고 햇볕과 바람에 여러 날 말린 후 콩을 털었다. 그리고 키로 까불어 검부러기를 제거하고 멍석에 널어 햇볕을 골고루 받도록 되작거렸다. 콩은 손이 많이 가는 대신 콩깍지와 콩대, 콩잎까지 버릴 것이 없어 귀하게 여겼다.

    농가의 마당은 일터이고 집안 대소사를 치르는 행사장이고 이웃들과 정을 나누는 공간이었다. 어른들은 굳이 방을 두고도 마당에 평상이나 멍석을 깔고 술과 음식을 나누며 담소했고 아이들은 그곳 한구석에 엎드려 숙제를 했다. 때로는 마당에 천막을 치고 혼례식을 올리거나 초상을 치르기도 했는데 그럴 때는 온 마을 사람이 마당에 빼곡하게 들어찼다. 둥글거나 네모지거나 어떤 모양이든 쌀 수 있는 보자기처럼 마당은 그때그때 쓰임에 따라 얼마든지 변신이 가능한 열린 공간이었다.

    볕 좋은 가을날에는 집집마다 마당에 멍석을 깔고 고추든 깨든 콩이든 곡식을 말리곤 했다. 마침 한 농가에 들어섰을 때, 강아지가 할머니의 벗어놓은 고무신을 물고 내빼는 순간을 목격했다. 무관심하게 일만 하는 할머니에게 심술이 났나 보다. 할머니는 그제야 '복슬아~' 부르며 구슬려 보지만 쉽게 돌아서지 않을 태세다. 온갖 곡식을 다 잘 말리는 할머니도 복슬강아지의 장난기를 말리긴 쉽지 않은 듯, 그러나 서두르지 않는다. 제풀에 지치면 돌아온다는 것을 알기 때문이다.

    강아지가 물고 있는 흰 고무신이 그동안 고되고 바빴던 발걸음을 말해주는 듯 시커멓게 흙물이 들었다. 봄부터 가을까지 논으로 밭으로 고무신이 닳도록 종종걸음을 쳤으리라. 곧 가을걷이가 끝나고 시꺼메진 고무신을 뽀얗게 닦아 댓돌 위에 사뿐히 올려놓으면 비로소 한 해 농사도 마침표를 찍게 될 것이다.

가을걷이
경기 양주
1980년

돋보기 너머
또 다른 세상

아직도 더 읽어야 할 책이 있는 것일까? 일제강점기와 6·25전쟁, 좌우 대립의 모진 시대를 겪으며 살아온 경험과 지혜로도 충분하련만 가을걷이가 끝나고 농한기에 접어들자 책부터 꺼내 든 노인. 한문이 일반인들에겐 해독 불가한 글자가 되어버린 새 시대에도 여전히 돋보기 너머로 한서를 읽는다. 몸의 양식을 마련하느라 분주했던 봄·여름·가을을 보냈으니 한 계절쯤은 정신을 살찌우는 독서의 계절이 되어도 좋을 것 같다.

이 사진을 보면 아흔둘에 돌아가신 영문학자 여석기 선생님이 생각난다. 아흔을 넘겨도 건강하시던 아버지가 갑작스럽게 돌아가셔서 황망했던 따님은 장례를 치르고 집에 가 보니 뜯지 않은 소포 하나가 놓여있더라고 했다. 생전에 아마존에 주문한 책이 도착한 것이다. 채 뜯어보지도 못하고 돌아가신 아버지를 생각하며 가슴이 아팠다는 이야기를 들으며 뜨끔했다. 평생을 공부하신 92세의 노학자는 돌아가시기 직전까지도 책을 주문하셨다는데 지금 우리는 어떤가?

예전에는 '가을은 독서의 계절'이라고 해서 가을이 되면 학교에서 독서를 권장하는 포스터를 그리고 표어를 짓거나 독후감 쓰기 대회를 했다. 배고픈 시절이었지만 정신적인 가난에서는 벗어나려고 노력했다. 그런데 오히려 배가 부른 시대가 되니 독서가 뒷전이다. 지식과 정보를 구할 다른 수단이 많아져서인지 책이 설 자리가 점점 줄어들고 '가을은 독서의 계절'이란 표어조차 흐지부지되었다.

책을 한 권 읽으면 또 읽어야 할 새로운 책이 생긴다고 했다. 아는 만큼 궁금한 게 더 많아져서 더 많은 책을 찾게 되기 때문이다. 상투를 틀어 올린 흰머리, 하얗게 서리가 내린 흰 눈썹과 그 아래 두꺼운 돋보기에 선명하게 맺힌 글자, 그리고 멋진 수염과 펼쳐진 책이 빈틈없이 어울리는 노인의 모습에서 우리는 계절로서 겨울뿐 아니라 인생의 겨울도 잘 준비해야 함을 읽는다. 이제는 자연도, 사람도 자신 속에 침잠해야 할 계절로 접어들었다.

독서
전북 고창
1977년

우리 곁에서
사라진 것들

담양 죽물(竹物) 시장에는 말이 많았다. 담양 천변에는 자동차가 주차하듯 짐을 내린 말들이 일정한 간격을 두고 서 있곤 했다. 방금 도착한 마차에서도 짐을 부리는 중이다. 도대체 마차 한 대에 이 많은 채반을 어떻게 다 실었을까? 장날 이른 새벽에 집채만 한 죽물을 지고 오는 모습에 호랑이도 무서워 도망친다는 말이 실감 난다. 부피에 비해 가벼우니 지게에 잔뜩 쌓으면 집 한 채가 걸어오는 것처럼 보였을 법하다. 지게든 마차든 호랑이가 겁먹을 정도로 엄청나게 싣고 다닌 것은 겁나게 수요가 많았다는 뜻이다.

죽물 시장의 전성기였던 1960년대부터 70년대 중반까지 전국의 장꾼들이 담양 오일장으로 몰려들었다고 한다. 대나무로 만든 소쿠리와 채반, 바구니는 가볍고 깨지지 않고 크기도 다양해서 각 가정에서 아주 요긴한 생활용품이었다. 봄에는 소쿠리 들고 봄나물 캐러 가고 여름에는 쥐나 벌레를 피해 보리밥을 소쿠리에 담아 공중에 매달았다. 가을에는 김장 배추를 씻어 커다란 채반과 소쿠리에 받쳐 물기를 뺐고 명절에는 전을 부쳐 대나무 채반에 펼쳐놓았다. 대나무의 차가운 성질은 음식물을 덜 상하게 했다. 그러나 플라스틱 용기가 등장하면서 점차 대나무 제품이 사라지기 시작했다. 어쩌면 냉장고의 등장이 더 결정타였는지 모른다. 대나무의 찬 기운에 의지할 필요가 없어진 데다 냉장고 저장 용기로서도 적합하지 못했다.

지금도 담양에 가면 곳곳에 대밭이 싱그럽다. 대나무는 백 년에 한 번 꽃이 핀다는데 우리가 좀처럼 대나무꽃을 보기 어려운 것은 대나무가 백 년을 살기 전에 꺾이거나 베어져서일까, 아니면 우리 역시 백 년을 살아내지 못하고 사라지기 때문일까. 놋쇠 방울 딸랑거리고 말발굽 소리 딸각거리며 시골길을 달리던 마차도 사라지고, 대나무 용품들은 관광상품 정도로 명맥을 유지할 뿐이다. 그런데 이상하다. 분명 예전보다 훨씬 더 많이 소유하고 있음에도 사라진 것들은 늘 아쉽고 그립다.

죽물 시장
전남 담양
1978년

나그네의 귀가

하늘이 높아졌다. 구름과 바람도 한결 가벼워졌다. 여름과 가을이, 낮과 밤이 교차하는 어스름한 저녁에 봇짐을 지고 먼 곳으로 향하는 행상의 뒷모습을 가만히 바라본다. 박목월 시인의 "강나루 건너서 밀밭 길을 / 구름에 달 가듯이 가는 나그네"라는 시를 떠올리며 사진을 찍었다. 그리고 그 나그네가 아주 멀리 하나의 점으로 사라질 때까지 한참을 지켜보았다. 부디 어둠이 짙게 깔리기 전에 "술 익는 마을"에 닿기를 바라는 마음으로.

예전에는 동네를 찾아다니며 물건을 파는 행상이 참 많았다. 일일이 장에 가기에는 너무 멀고 깊숙한 마을에 간간이 나타나는 행상은 반갑고 고마운 손님이었다. 커다란 봇짐에 생활용품을 지고 다니며 팔거나 칼을 갈아주고 농기구를 고쳐주는 아저씨들이 찾아오곤 했다. 손수레에 반쯤 말린 생선을 싣고 다니는 생선 장수, 옷가지를 팔러 다니는 행상도 있었는데 특히 어머니와 누이들에게 필요한 규방 용품을 파는 방물장수는 단연 인기였다. 방물장수가 마당에서 물 한 바가지로 목부터 축이고 마루 끝에 걸터앉아 물건을 펼치고 이야기보따리를 풀어헤치면 그 입담에 홀리지 않을 재간이 없었다. 물건을 팔기도 했지만 먼 동네 총각과 중매를 서는 일도 있었다.

그날이 그날인 심드렁한 마을에 외부인의 출현은 활기를 불어넣는다. 특히 명절을 앞두고 눈에 띄게 잦아지는 행상의 발길이 명절 분위기를 예열했던 것 같다. 한바탕 이런저런 사람들이 나타나 마을 공기를 들썩거려 놓은 후 타지에 떨어져 사는 자녀와 친지들이 선물꾸러미를 들고 하나, 둘 찾아오면서 비로소 즐거운 명절이 시작되었다.

지금 이 행상도 추석 명절을 앞두고 이 마을, 저 마을로 나그네 되어 떠돌다가 외줄기 길을 따라 집으로 돌아가는 길일까. 저 산 아래 동네까지 아직 갈 길이 멀어 보인다. 그러나 기다려주는 사람이 있다면 어두운 밤길이 대수인가. 곧 기다림은 기쁨으로 변할 테니 말이다.

나그네
전남 장성
1977년

농사의 밑거름

저만치 떨어진 구석 자리가 그의 차지였다. 뒷마당 헛간에서도 가장 한갓진 뒷전이었다. 그 옆을 지나다닐 땐 이마를 찌푸리고 코부터 움켜쥐었다. 혹시 옷깃이라도 닿을세라 되도록 멀찌감치 피해 다녔다. 하지만 따가운 눈총을 받는다 해도 농가에서는 없어서는 안 될 요긴한 농기구였으니 바로 똥장군과 똥바가지, 똥지게 3종 세트다. 그런데 왜 하필 장군이라고 했을까? 찾아보니 '액체를 담아서 옮길 때 쓰는 그릇'을 장군이라고 했다는데 아무튼 장군이라는 당당한 이름에 걸맞게 예전엔 대접받는 존재였다.

옛날부터 "한 사발의 밥은 남에게 줘도 한 삼태기의 거름은 주지 않는다"는 말이 전해질 정도로 농부는 거름을 몹시 귀하게 여겼다. 땅이 있어도 거름이 없으면 농사를 지을 수 없으니 그럴 만했다. 화학비료가 넉넉하지 않던 그때는 아궁이에서 나오는 재, 사람과 가축의 분뇨가 주된 거름이었다. 흥미로운 것은 농작물을 먹은 사람이 배설한 인분을 거름 삼아 농작물을 키우고 그 농작물을 또 사람이 먹고 배설하고, 완벽한 친환경 사이클이라는 점이다. 조선시대 박제가 선생의 말을 빌리면 한 사람이 하루에 배설하는 분뇨로 하루 먹을 곡식을 생산해낸다고 했으니 그 말이 사실에 부합한다면 참으로 에누리 없이 정확하고 기가 막힌 도돌이표 순환이다.

그렇게 인분이 귀하다 보니 이웃집에 놀러 갔다가도 변소에 가고 싶으면 자기 집 변소로 달려갔다. 자기네 거름에 보태기 위해서다. 돌이켜보면 당시 어린아이들에게는 한밤중에 후미진 변소에 가는 게 고역이었다. 이상하게 변소에만 앉아 있으면 생각하지 않으려고 애를 써도 온갖 무서운 귀신 이야기들이 파노라마처럼 떠올라 울고 싶었다. 공포에 떨며 볼일을 마치자마자 튕기듯 변소를 뛰쳐나오면 캄캄한 밤하늘에는 별들이 가득하고 간혹 별똥별이 떨어지는 광경을 보기도 했다. 그러나 이젠 화장실이 집 안으로 들어와 있으니 한밤중에 깨어도 별 볼 일이 없어진 지 오래다.

똥장군
전북 고창
1975년

소 팔러 가는 길

산은 높이를 원하고 물은 낮은 곳을 향한다. 들을 적시고 산모퉁이를 돌아 다른 곳에서 흘러온 물줄기를 만나면 서로 얼싸안고 정답게 흘러간다. 새벽녘에 물안개 피우며 서늘하게 깨어났다가 어스름한 저녁이면 슬그머니 어둠 속으로 저문다. 대낮에는 툭하면 동네 개구쟁이들이 몰려들어 첨벙대는 소란쯤은 아랑곳하지 않고 햇살에 반짝이는 윤슬로 눈부시게 빛난다. 지금 이 냇물은 서럽도록 아름다운 강이라 불리는 섬진강을 만나러 가는 길이다. 굽이굽이 사람들의 사연이 함께 흘러서 서럽도록 아름다운 것일까.

어여쁜 강변 마을이 많은 임실에서 아침 일찍 소를 앞세워 내를 건너는 사람들을 보았다. 짐을 짊어지지 않은 몸 가벼운 소를 보니 마을 건너편 우시장에 소 팔러 가는 길인 모양이다. 앞장서서 소의 고삐를 잡은 아이는 송아지일 때부터 정성껏 꼴 베고 여물 먹여 키운 정 때문에 굳이 아버지를 따라나섰을 것이다. 다시 소를 데리고 집으로 돌아가는 일은 없을 테니 오늘은 정든 소와 이별하는 날이다. 집에서 애지중지 키우던 소를 팔 때는 대개 집안에 혼사가 있거나 아니면 논 한 마지기를 더 장만하려는 아버지의 계획이 있을 때이다. 오늘은 이웃집 아저씨도 소를 팔러 함께 길을 나섰다. 그 뒤로 소걸음에 맞추려 자전거에서 내려서 천천히 자전거를 끌고 가는 사람까지, 다리 위 행렬이 영화의 한 장면처럼 펼쳐졌다.

예전에는 여름 홍수에 섶다리가 떠내려가면 수확이 끝난 가을에 마을 사람들이 다리를 새로 놓는 수고를 연례행사처럼 되풀이했다. 물이 얕은 곳에는 징검다리가 있어서 사람은 징검다리로 건너지만 소는 물속을 철벅거리며 건너기도 했다. 점차 콘크리트 다리로 바뀌면서 그런 목가적인 풍경은 더는 볼 수 없게 되었지만 동시에 해마다 다리를 새로 놓아야 하는 불편함도 사라졌다. 그러므로 이제 섶다리로 다시 돌아가는 일은 없을 것이다. 세상일은 늘 강물처럼 앞으로 흘러갈 뿐이다.

소 팔러 가는 길
전북 임실
1977년

풍요로운
가을 농가

농사가 거의 마무리되어가는 가을 농가에 일 년 내내 삐거덕거리며 무거운 짐을 감당해온 소달구지의 바퀴가 손질을 기다리며 비스듬히 누웠고, 논과 밭에서 굳은 땅을 힘차게 갈아엎던 황소와 따가운 햇볕 아래 곡식을 말리던 멍석도 긴 휴식에 들어갔다. 마당에서는 모녀가 마주 앉아 멍석에서 바싹 말린 콩을 체로 흔들어 옥석을 가리는 작업 중이고 그 곁에서 닭 한 마리가 어슬렁거리며 땅에 떨어진 곡식 알갱이를 찾고 있다.

   농가의 가을마당에는 먹을 게 흔하다. 탈곡하거나 도리깨질할 때, 또는 곡식을 체로 고를 때 마당 여기저기로 흩어진 곡식 알갱이들은 닭의 차지다. 마당 한쪽에 산더미처럼 쌓인 볏짚은 콩을 턴 콩깍지, 콩대와 함께 겨우내 소 먹일 여물을 쑤는 데 쓰일 것이다. 사실 농가에서는 뭐 하나 버릴 게 없다. 마루 위에 있는 가마니와 포대 자루도 배가 불룩하니 보기만 해도 배가 부르고 부엌의 열린 문 사이로는 땔감이 차곡차곡 쌓여 있는 게 보인다.

   지붕을 새로 올린 듯이 말쑥한 이 초가집은 남쪽 지방에서 흔히 볼 수 있는 전형적인 가옥이었다. 방 두 칸과 부엌과 헛간이 일자 형태인데 그 당시 농촌에서는 어느 집이나 크기가 대개 고만고만했다. 이제 와 생각하면 평균 대여섯 명인 식구들이 어떻게 그런 작은 집에서 살았을까 싶어도 한편으로는 그렇게 가깝게 부대끼고 복닥거리며 지내서 살붙이다운 살뜰한 정이 붙었는지 모른다. 밤에 잠자리에 나란히 누워 서로 베개와 이불을 끌어당기거나 동생의 배에 다리를 턱 하니 올려놓고 짓궂게 키득거렸다. 그러다 유난히 잠이 쏟아지는 날엔 슬그머니 혼자 툇마루에 나와 잠들었다가 잠결에 마당까지 굴러떨어진 흑역사도 있다.

   당시 시골에선 대문이 없거나 있어도 시늉뿐, 마당과 길의 구분이 모호했다. 어쩌면 그 시절엔 내 것과 네 것을 넘어서 열려 있으므로 지금 도시에서 사는 우리보다 더 여유 있게 공간을 누릴 수 있었던 게 아닐까 싶다.

가을 농가
전북 고창
1978년

빙그레
웃다

 닮았다! 할아버지와 손녀의 머리 스타일이 닮았다. 상투 튼 할아버지는 눈에 넣어도 아프지 않은 귀여운 손녀에게 담뱃대를 내어주고도 연신 입가에 웃음이 떠나지 않는다. 의기양양한 세 살배기 손녀는 하룻강아지 범 무서운 줄 모른다더니 집안의 호랑이인 할아버지의 품을 점령하고 지존의 신성한 담뱃대를 휘두르며 할아버지 어깨너머로 해맑게 세상을 굽어본다. 천진한 웃음이 세상을 녹인다. 참 부러운 나이다. 돈으로도 권력으로도 휘어잡기 어려운 사람의 마음을 그저 존재 자체로 단번에 무장해제 시키는 막강한 나이다. 겁 모르는 나이여서 그런가, 그늘 한 점 없이 밝게 부서지는 햇살 같은 웃음은 보는 이의 마음을 환하게 물들인다.

 서울에서 대학을 다니던 시절, 등록금 마련은 나의 최대 걱정거리였다. 그런데 한 스포츠 신문에 웃음을 소재로 한 '빙그레 사진콘테스트'가 열린다면서 상금으로 장학금을 준다는 공고가 나왔다. 눈이 번쩍 뜨였다. 전에 찍어둔 이 사진이 생각났기 때문이다. 할아버지의 담뱃대를 흔들어대며 까르르 웃는 아이의 표정도 보기 좋았지만, 할아버지와 손녀가 머리 모양은 비슷하되 흰 머리와 검은 머리가 서로 대비를 이루는 점이 재미있었다. 마침 흰 머리 성성한 백발의 할아버지는 뒷모습이고 검은 머리 나풀거리는 앳된 손녀는 앞모습이어서 사라지는 세대와 떠오르는 세대를 상징하는 것 같았다. 결국 이 사진은 나의 등록금 걱정을 시원하게 해결해주고 나도 덩달아 웃을 수 있게 해주었다.

 요즈음에도 고속도로 휴게실에 들르면 나에게 장학금을 주었던 그 회사의 바나나 우유를 사서 먹곤 한다. 사람들은 옆에서 어린애처럼 무슨 바나나 우유냐고 놀리지만 50년 전의 고마움을 잊을 수 없기 때문이다. 웃음은 웃음을 부른다고 했다. 그 시절 내게 웃음을 선사해준 이 아이도 여전히 환하게 잘 웃는 행복한 어른이 되었을까? 지금도 이 사진을 들여다보면 저절로 미소가 떠오른다.

빙그레
전북 고창
1974년

김녕만 — 사진의 향기

겨울

폭설 뚫고 온
귀한 손님 '우체부'

그날 유난히 눈보라가 휘몰아쳤다. 우체국을 나설 때만 해도 예상치 못했던 눈이었다. 쏟아지는 눈발이 마을로 향하는 길을 다 지워 버렸다. 눈길에 자전거는 오히려 짐이 되었다. 우체부 아저씨는 한 손으로는 자전거를 지탱하고 한 손으로는 소포를 움켜잡은 채 드문드문 서 있는 가로수를 좌표 삼아 길을 찾았다. 느닷없이 불어 닥친 강풍에 소포가 저만치 날아가기도 하고 자전거가 넘어지기도 했다.

지금은 집배원으로 불리지만 1970년대 당시엔 우체부라고 불리던 아저씨에게 동행 촬영을 허락받고 뒤를 따르는 나의 카메라도 꽁꽁 얼어붙어서 제대로 작동되지 않았다. 당시 사진학과 학생이었던 나는 겨울방학이 되어 고향으로 내려와 있던 중, 서울에서 온 편지를 전해 주는 우체부를 보면서 '우체부 사진을 찍어야겠다'는 생각을 했다. 그런데 하필 그날 기록적인 눈이 쏟아졌다. 얼마나 춥던지 나중엔 구부러지지 않는 손가락 대신 주먹으로 셔터를 눌러야 했다.

원래 내 고향 전북 고창은 눈이 많은 고장이다. 아마 처음엔 길동무가 생겼다고 여겼을 우체부는 오후로 접어들자 내가 귀찮아졌는지 잠깐 한눈팔면 슬그머니 사라졌다. 그러나 걱정 없었다. 자전거 바퀴자국을 따라가면 결국 다시 만날 수밖에 없기 때문이다. 눈보라 속에 미끄러지면서 우리의 숨바꼭질은 계속되었다.

전화가 드물고 별다른 통신수단이 없던 70년대 외진 시골에서 외부로부터 소식을 받아볼 수 있는 유일한 수단이었던 편지. 그 시절의 우체부는 관할 동네 주민들의 가정사까지 일일이 꿰뚫어 알고 있었고, 편지만이 아니라 이 동네 소식을 저 동네로 전해 주는 귀한 손님이었다. 모두들 눈에 갇힌 겨울날, 편지 한 장을 전하기 위해 눈보라를 뚫고 먼 길 찾아오는 우체부를 누가 반가워하지 않겠는가. 그렇게 저녁 무렵 우편행낭이 텅 비면 사람들과 나눈 온기로 마음을 채워 어느새 눈이 그친 길을 되짚어가던 우체부의 하루. 벌써 50년 전의 기억이다.

눈 오는 날
전북 고창
1975

김녕만 | 사진의 향기 | 겨울

구들장 뜨겁게 달궈주던 연탄

김장을 마치고 연탄 100장을 쌓아 놓으면 서민의 겨울은 흡족했다. 이 집 저 집 연탄 나르는 아저씨들의 거친 숨소리와 활기찬 발소리에 달동네의 추위도 그때만큼은 잠시 누그러지는 듯했다. 그러나 50장 100장씩 한꺼번에 연탄을 들여놓지 못하는 가난한 집에선 식구들이 들며 늘며 낱개로 연탄을 사기도 했다. 1990년대 이전까지 한겨울 서민의 생활에서 연탄은 가장 긴요한 생필품이었다. 한겨울에 아무리 추워도 쌀과 김치와 연탄만 풍족하면 그 이상 어머니들의 근심은 사치였다.

영하의 날씨에도 땀을 뻘뻘 흘리며 수없이 계단을 오르내리던 연탄 배달 아저씨. 그들은 자신의 키보다 높은 등짐을 지고 행여 한 장이라도 떨어뜨릴세라 조심조심 계단을 오르내리곤 했다. 이 사진을 찍은 1979년 중림동은 아직 개발의 바람이 불지 않던 시절, 좁은 골목을 사이에 두고 이웃끼리 다닥다닥 붙어 살던 정겨운 동네였다. 사진에서처럼 햇빛이 명암을 뚜렷하게 만드는 이쪽 달동네와 남산 아래 빌딩 숲으로 변해 가는 도심 사이는 사뭇 아슴푸레하고 멀다.

추억이 다 아름다운 것은 아니다. 집집마다 연탄을 때던 그 시절 사회면 뉴스에서 '연탄가스로 일가족 사망'이란 기사를 보기가 어렵지 않았다. 대부분 허술한 서민의 단칸방에서 자주 일어나던 안타까운 사고였다. 그러나 세월이 흘러 서민의 애환이 담긴 연탄이 점차 석유와 도시가스에 밀려 사라진 지금, 연탄의 추억은 시인의 시로 남았다.

"연탄재 함부로 발로 차지 마라 / 너는 / 누구에게 한 번이라도 뜨거운 사람이었느냐." 안도현 시인의 추궁은 시대를 넘어 겨울바람처럼 매섭다. 이 시를 처음 읽었을 때, 하얗고 푸석푸석해지도록 제 몸을 온전히 태운 후 재가 된 연탄을 괜한 심심풀이로 이리저리 차 버렸던 오래전 과오에 뜨끔했다. 아니다. 실은 타인을 따뜻하게 배려하지 못했던 자신의 삶을 들킨 기분이었다고 해야 옳을 것이다. 아직도 따뜻함이 그리워지는 겨울의 한복판이다.

연탄 배달부
서울 중림동
1979년

어머니, 당신 손에 이만큼 컸습니다

바람 부는 거리에서 좌판을 펼치고 밤을 구워 파는 노점상 아주머니가 잠이 든 품속의 아이가 추울세라 한 손으로 바람막이를 해 주고 있었다. 이 추운 거리로 아이를 데리고 나온 걸 보면 딱히 맡길 데가 마땅치 않아서였을 터. 그러나 안쓰러워하는 엄마의 조바심과 달리 아이는 아주 곤하게 잠이 들었고 엄마는 조금이라도 아이의 얼굴에 찬바람이 가지 않도록 손바닥 이불을 덮어 주고 있었다. 순간 가슴이 뭉클하여 셔터를 눌렀다.

    누구나 엄마의 손에 대한 추억이 있을 것이다. 어렸을 적에 배 아프다고 칭얼대면 "엄마 손은 약손"이라고 되뇌시며 슬슬 배를 문질러 주셨고, 그 소리에 어느새 스르르 잠이 쏟아졌다. 시장기가 돌 때 뭔가 주물럭주물럭하시면 개떡이든 수제비든 먹을거리가 나타나던 요술 같은 엄마 손. 엄마의 손을 잡고 시장에 갈 때 날아갈 듯 행복했던 기분. 그리고 서울에서 고학하는 아들을 위해 새벽마다 정화수 떠 놓고 빌었던 어머니의 정성스런 두 손.

    엄마의 손에 눈길이 머문 것은 이런 기억들 때문이었을 것이다. 하얗고 고운 아이의 피부와 대조적으로 엄마 손은 거칠거칠하고 손톱은 짧게 마모되었다. 엄마의 삶이 어떠했는지 손이 말해 주고 있었다. 손은 이렇게 한 사람의 지나온 삶을 압축하고 있어서인지 일상적으로 쓰는 말 중에는 손으로 대표하는 표현이 많다.

    일할 '사람'이 없을 때 일'손'이 없다 하고, 어떤 일에 미리 개입했을 때 선수(先手)를 쳤다고, 즉 손을 썼다고 말한다. 포기하면 손을 뗀 것이고 손잡았다 함은 일을 함께 도모함이며, 손이 너무 많이 가는 일을 하다 보면 결국 지쳐서 손을 들게 되기도 한다. 괘씸하면 손봐 주고 싶고, 통이 큰 씀씀이를 손이 크다고 말한다. 일상에서 손이 의미하는 바가 다양함은 손을 통해 많은 것을 읽을 수 있고 미루어 짐작할 수 있어서가 아닐까. 굳이 엄마의 얼굴표정을 보지 않아도 엄마의 손을 통하여 애틋하고 지극한 모성애를 느낄 수 있는 것처럼 말이다.

'엄마손'
경기도 김포
1978년

돌고 도는
물레방아의 추억

어렸을 적 이발소 의자에 앉으면 왜 그렇게 잠이 쏟아졌는지 모를 일이다. 나도 모르게 꾸뻑 졸다가 깜짝 놀라 눈을 뜨면 눈앞에서 물레방아가 돌고 있었다. 위에서 내려오는 물에 떠밀려 급할 것 없이 돌아가는 물레방아 뒤로 멀리 황금 들판이 펼쳐졌다. 소위 이발소 그림이었다. 60년대 시골 어린이가 처음 본 그림이 이발소 그림, 물레방아 도는 풍경이어선가. 70년대 후반쯤 거의 사라진 물레방앗간을 남원에서 실제로 보니 와락 반갑고 정겨웠다. 마침 방아를 찧으러 온 두 아주머니의 수다가 물레방아처럼 쉬지 않고 계속되는 중이었다.

곡식을 찧으러 와서 입방아까지 찧는다면 덤이다. 원래 예전부터 물레방앗간은 소문을 만들어 내는 장소였다. 같은 동네뿐만 아니라 이웃 동네 사람까지 만날 수 있으니 곡식이 다 찧어지도록 뒷담화를 나누는 즐거움이야말로 방앗간에 오는 또 다른 재미였다. 게다가 물레방아는 물의 수차를 이용하여 물레를 돌리기 때문에 물이 높은 곳에서 낮은 곳으로 떨어지는 골짜기 아래, 외진 곳에 있기 마련이었다. 그래서 단편소설에 등장하는 물레방앗간은 남녀가 은밀하게 만나는 연애의 산실로 등장하곤 했다. 이효석의 '메밀꽃 필 무렵'에서도 허 생원은 물레방앗간에서의 애틋한 하룻밤 사랑을 평생 잊지 못하고 보름달 휘영청 밝은 밤이면 늘 녹음기처럼 그날의 이야기를 되풀이했다.

물레방아는 물레와 방아의 합성어다. 물의 낙차를 이용해 돌아가는 것이 물레이고 그 힘으로 방아를 찧어서 물레방아가 되었다. 전기가 보급되자 물레방아의 효용가치가 없어지면서 사라졌는데 언제부턴가 유행처럼 관광지나 정원이 넓은 음식점 같은 데에 장식용으로 다시 등장했다. 물론 엄밀히 말하면 방아가 없으니 물레방아의 완전체는 아니다. 그러나 지금의 세대에게는 무엇에 쓰는 물건인지도 모를 물레방아가 재등장한 것은 향수를 자극하는 묘한 매력이 있기 때문인 것 같다. 역시 돌고 도는 것이 물레방아인가 보다.

물레방아
전북 남원
1977년

뒷모습이 아름다운 부부

얼마나 걸어온 것일까? 앞으로 얼마나 더 가야 하는 부부의 길일까? 멀리 항해하는 배가 풍파 없이 갈 수 없듯이 오래 살아오면서 비바람도 만나고 눈 내리고 춥기도 했으리라. 또한 때로는 아름답게 꽃피고 신록이 눈부신, 가슴 벅찬 날들을 지나 그렇게 수십 년 살아왔을 부부가 익숙한 걸음으로 눈길을 걷고 있다.

눈이 내려 몹시 추운 날이었다. 귀가하는 부부의 뒷모습에 홀려 한참을 뒤따라 걸었다. 서로 손을 잡거나 유난스레 다정하게 굴진 않아도 먼 길을 함께 걸어온 부부에게서만 느낄 수 있는 소박하고 듬직한 뒤태에 마음이 이끌린 탓이다. 눈길에 고무신이 차갑고 미끄러울 텐데도 커다란 보따리를 머리에 이고 균형 한번 잃지 않고 담담히 걷는 아내와 새끼줄 멜빵이 어깨를 아프게 짓누를 법도 하련만 봇짐을 등에 지고 역시 대수롭지 않다는 듯 편안한 걸음걸이로 아내와 보조를 맞추는 남편. 각자의 짐을 자신에게 가장 알맞은 방식으로 감당하며 한 목적지를 향해 걷는 부부의 모습이 참 보기 좋았다.

뒷모습은 늘 나의 시선이 아니라 타인의 시선 안에 놓여있다. 본인의 시선 밖에 있으므로 꾸미거나 어찌할 수가 없어 무방비인 뒷모습은 그래서 솔직하고 깊은 내면을 드러내기도 한다. 굳이 얼굴을 보지 않아도 그들의 뒷모습에서 두런두런 이야기를 나누는 부부의 표정과 대화 소리가 들려오는 것 같다. 아마 집에서 기다리는 아이들 이야기거나 내년 봄에는 밭에 무엇을 심을지, 외양간을 손을 좀 봐야 할지 소소한 집안일을 의논하는 중일지도 모르겠다.

사실 어떤 부부든 언제까지 이 세상을 함께 걸을 수 있을지 아무도 미래를 장담할 수 없다. 그러므로 오히려 지금 이 순간, 험한 길도 꽃길도 함께 걸어줄 내 편이 내 곁에 있다면 더없이 고맙고 행복한 일이다. 40년 전에 눈길을 걷던 소박하고 수수한 부부의 뒷모습이 그것을 말해준다. 12월, 내 곁을 조용히 둘러봐야 할 때다.

부부
경기도 양주
1983년

우리가
잃어버린 것들

불을 밝혀야 할 시간이다. 어둠이 내리기 시작하면 이내 한 치 앞도 안 보이는 칠흑 같은 밤이 찾아온다. 아직 읍내에 나간 아버지도, 막차를 타고 내려올 아들도 귀가하지 않았다. 밤바다를 비추는 등대처럼 멀리서 오는 식구에게 기다림의 신호를 보내야 할 시간이다.

사람들이 고향을 묻는다. 고향에 누가 있느냐고도 묻는다. 돌아갈 집이 있느냐, 기다려주는 누군가가 있느냐는 물음이다. 먼 길을 걸어가도 그 길 끝에 어머니가 계신 집이 있으면 고향은 언제나 달려가고 싶은 곳이었다. 그때는 왜 항상 막차를 탔는지 모르겠다. 하룻밤 더 자고 환한 대낮에 여유 있게 가도 되련만 누가 쫓아오기라도 하는 양 한밤중에 길을 나서곤 했다.

그 조급함은 어머니의 기다림과 닿아 있었다. 어김없이 어머니는 불 밝히고 밥상 차려놓고 기다리고 계실 터. 어머니뿐이랴. 온 식구가, 툇마루 아래 멍멍이까지도 눈치를 채고 귀를 쫑긋 세우고 기다릴 것을 알기에 밤길을 마다하지 않았다. 가로등도 없는 밤길에 돌멩이에 걸리고 눈 녹아 질척거리는 진 땅을 밟아도 발걸음은 자꾸 더 빨라졌다. 걷는 듯 뛰는 듯 서둘러 저 멀리 우리 집 불빛이 보일 때, 이윽고 멍멍이가 짖어대고 방문이 열리며 온 식구가 쏟아져 나올 때, 그 순간의 먹먹한 기쁨은 타향살이의 어설픔과 고단함을 위로하는 보약이었다.

현대인이 잃어버린 것 중 하나가 새벽이라지만 칠흑 같은 밤이 먼저다. 도시의 밤이 대낮처럼 환해지면서 옻을 칠한 듯 깜깜한 밤하늘에 보석처럼 빛나는 '별 볼 일'도 없어지고, 어둠을 모르니 밝음도 시들하다. 어느새 밤이 가장 긴 동지를 지나 겨울이 깊어져 가는 중이다. 깜깜하면 발이 묶이던 그 시절 시골집에서는 저녁밥 먹고 나면 별수 없이 온 식구가 모여서 복닥거릴 수밖에 없었다. 살붙이의 정이 쌓이는 겨울밤이었다. 칼칼한 겨울바람이 매섭던 그 칠흑 같은 밤, 불빛 따뜻하던 어머니의 집이 다시 그립다.

겨울밤
경북 안동
1986년

김녕만 │ 사진의 향기 │ 겨울

105

'어린이'라고 쓰고
'희망'이라고 읽는다

그 많던 아이들이 다 어디 갔을까. 그 시절엔 동네에서도 학교에서도 어딜 가나 아이들 떠드는 소리가 새들의 합창 같았다. 엄마가 밥 먹으라고 소리쳐 부를 때까지 해가 저물도록 뛰어노는 아이들로 골목은 항상 시끌벅적했다. 더구나 겨울방학이다! 방학식을 마치고 부리나케 집으로 달음박질치는 이 아이들의 해방된 장난기가 곧 온 동네를 활기차게 휘저을 것이다.

"아들딸 구별 말고 둘만 낳아 잘 기르자"는 캠페인이 시작되기 전까지 한 가정에 아이들 네댓 명은 보통이었다. 그로부터 불과 사오십 년, 혼자 자란 요즘 아이들에게 언니, 오빠, 형, 누나라는 다정한 호칭은 무용해졌다. 아울러 과꽃이 피면 유난히 과꽃을 좋아하던 시집간 누나를 그리워하고, 뜸북새 울면 서울 가서 비단 구두 사가지고 오신다던 오빠를 간절하게 기다린다는 '과꽃'이나 '오빠 생각' 같은 동요는 아주 오래전의 정서가 되었다.

"둘만 낳자"가 "하나만"으로 바뀌고 농담처럼 "한 집 걸러 하나씩"이 회자 되더니 급기야 학교도 동네 골목도 조용해지기 시작했다. 이제는 저출산의 서슬에 화들짝 놀라 "동생 낳아주기" 캠페인을 벌이기에 이르렀으니 참으로 엄청난 반전이다. 사실 아이들이 태어나 무럭무럭 자라서 비록 고난 속에서라도 꿈을 이루려고 애쓰는 자체가 자연스러운 삶인데, 우리가 편의적인 잣대로 너무 성급하게 다음 세대를 재단해버린 것이 아닌지 모르겠다. 불과 한 세대 만에 완전히 뒤집힌 정책이 과거 우리의 결정이 얼마나 앞을 내다보지 못했는가를 말해준다.

어린이가 희망인 이유는 꿈을 꿀 수 있기 때문이다. 아이들이 사라지면 학교도 사라지고 교사도 사라지고 꿈이 사라진다. 한겨울 추위에 가방도 없이 책보를 끼고 다녀도 기죽지 않고 씩씩하던 아이들. 지금 사진 속 이 아이들은 모두 어디서 무엇이 되어 있을까. 그때 길 위에서 만난 거침없고 해맑던 아이들을 소환해본다.

겨울방학
전북 순창
1976년

김녕만 | 사진의 향기 | 겨울

눈 오는 날의
기다림

점점 눈발이 거세지는데 기척이 없다. 아무리 목을 빼고 기다려도 쉽사리 오시지 않는 엄마 대신 소리 없이 눈만 내리고 있다. 이 사진을 보면 시인 기형도의 '엄마 걱정'이란 시가 떠오른다. "열무 삼십 단을 이고 시장에 간 엄마"를 기다리며 "찬밥처럼 빈방에 담겨 아무리 천천히 숙제를 해도 엄마 안 오시네"라고 했던 시인은 그 시절을 '유년의 윗목'이라고 회상했다.

집안에서도 털모자를 쓰고 완전무장을 해야 할 만큼 온기가 없는 집에서 오로지 엄마가 빨리 돌아오시기만 기다리는 '집 보는 아이'는 성에가 허옇게 얼어붙은 창밖으로 고요히 눈 오는 소리를 듣고 있다. 이대로 가면 얼마 지나지 않아 혼자 엎드려 훌쩍거리게 될지 모르겠다. 어린 시절에 홀로 집에서 엄마를 기다려본 사람은 기억할 것이다. 눈 크게 뜨고 애타게 기다리면 안 오시다가 제풀에 지쳐 스르르 잠들면 어느새 저녁 밥상 차려 나를 깨우던 엄마. 어둑한 방에서 눈 비비며 어리둥절하다가 내 눈앞에 있는 엄마를 확인하면 괜히 눈물이 났다.

얼마 전에 지하철을 타고 가다가 한 젊은이가 통화하는 내용을 들었다. 약속 장소로 가는 중인 모양인데 "여기는 어디 역이고 몇 정거장 남았고…"라고 중계방송하듯이 이야기하는 걸 들으면서 "왜 아직 못 오는지, 어디쯤 오고 있는지, 하등 궁금해할 필요가 없는 요즘 세대에게 기다림이란 무슨 의미일까?" 생각했다. 눈부신 현대문명이 궁금증을 즉석에서 해결해주는 바람에 '기다림'은 실종되었다.

기다리는 시간은 언제나 길다. 그러나 끝내 올 것이라고 믿고 기다릴 때, 기다림은 시간 낭비가 아니라 오히려 누군가를 오롯이 생각해보는 소중한 시간이 된다. 그럴 때 기다림은 설렘의 시간이 되고 만남의 기쁨과 비례한다. 이제는 간절히 기다릴 사람조차 없는 나이에 이르고서야 어릴 적 엄마를 기다리고 또 기다리던 그 시간이 행복이었음을 깨닫는다.

집 보는 아이
전북 부안
1977년

떡방앗간
다녀오는 길

농촌에서 설날은 묵은해를 보내고 새해를 맞는 첫날이면서 또한 서서히 한해 농사를 준비해야 하는 시점이었다. 지금이야 시도 때도 없이 1년 내내 비닐하우스 농사를 짓지만 50년 전만 해도 농사일에 시와 때를 맞추는 일은 아주 중요했다. 설날이 지나면 눈이 비로 바뀌어 내린다는 우수(雨水)가 찾아오고 꽝꽝 얼었던 땅이 녹기 시작한다. 곧 밭을 갈아 씨 뿌릴 준비를 해야 한다. 따라서 설 명절에는 설빔을 갖춰 입고 배불리 먹으며 이웃과 윷놀이를 즐기는 호사를 누리고자 했을 법하다.

    설을 앞두고 가장 바쁜 곳은 방앗간이었다. 가래떡이 가득 담긴 커다란 양은 다라이를 머리에 이고 부지런히 집으로 돌아가는 며느리와 화로를 들고 따라가는 시어머니의 모습이 정겹다. 명절 대목에는 동네 사람들이 한꺼번에 몰리니 차가운 바람 술술 들어오는 방앗간에서 순번을 기다리자면 한나절, 며느리 추울까 아예 화로를 들고나왔다. 기다리는 동안에도, 양은 다라이를 이고 집으로 돌아가는 동안에도 곱은 손 녹이는데 요긴한 화로는 요즘의 핫팩인 셈이다.

    어머니와 할머니가 방앗간에 가시는 날은 아이들에겐 가슴 설레는 신나는 날이었다. 집에서 기다리자면 시간이 너무 더디게 가서 방앗간으로 두세 번은 뛰어갔다가 돌아오곤 했다. 사람들로 비좁은 방앗간에서 얼씬거리면 어머니의 핀잔을 듣기 일쑤였다. 그러나 집에 돌아오면 다시 좀이 쑤셔서 또다시 방앗간으로 달려갔다. 기다리고 기다린 끝에 드디어 어머니가 이고 온 다라이에서 하얀 천이 걷히면 김이 모락모락 나는 가래떡. 그 증기를 얼굴에 쏘이는 것만으로도 행복했다.

    금방 나온 말랑말랑한 떡도 맛이 있지만, 화로에 구워 먹는 쫄깃한 맛은 일품이었다. 겨우내 화토 옆을 맴돌며 보물찾기하듯 재를 뒤적거려 잘 구워진 밤이나 고구마를 꺼내 먹고 화로 위에 석쇠를 올려 요거조거 구워 먹던 재미를 잊을 수 없다. 지금도 그 시절 설날을 떠올리면 화롯불처럼 가슴이 따뜻해진다.

설 준비
경기도 양주
1974년

부의 상징
텔레비전 안테나

"저요! 저요!" 선생님의 질문에 자신 있게 번쩍 들어 올린 아이들의 손 같다. 이 사진을 찍은 70년대 말에는 지붕마다 삐죽삐죽 솟은 텔레비전 안테나가 우후죽순이었다. 하지만 60년대까지만 해도 선생님이 "집에 텔레비전 있는 사람 손들어"라고 하면 60명 한 반에 불과 두세명이 고작이었다. 그 시절 지붕 위에 안테나가 있으면 부잣집이라 하여 도둑의 표적이 되기도 했고, 가구를 짜서 귀하신 몸인 텔레비전을 넣어두고 여닫이문에 자물쇠를 채울 정도였다. 또한 동네에서 유일하게 텔레비전을 보유한 집은 영화관처럼 아예 대청마루에 텔레비전을 내놓고 동네 사람들이 다 함께 보도록 하기도 했다.

그 시절 인간이 달에 첫발을 디딘 순간을 텔레비전을 통해 본 감격을 잊을 수 없다. 1969년 여름, 역사적인 장면을 보기 위해 동네 사람들이 모여들어 남의 집 마루에 놓인 텔레비전을 목을 빼고 보았다. 유인우주선 아폴로 11호가 무사히 달에 착륙하고 우주비행사가 공이 튀듯이 겅중겅중 달의 표면을 걷는 장면을, 머나먼 우주에서 일어나는 일을 텔레비전으로 본다는 자체가 놀라웠다. 그로부터 10년 동안 열에 여덟 가구가 텔레비전을 보유하게 되자 지붕마다 TV 안테나가 자랑스럽게 불쑥불쑥 솟았다. 아직은 흑백 시대였지만 내 집 안방에서 텔레비전을 보다니! 다만 흥미진진하게 드라마나 운동경기를 보고 있을 때 걸핏하면 지지직거리며 화면이 흔들려 애를 태우기는 했지만 말이다.

80년대 이후부터 흑백에서 컬러로 텔레비전이 바뀌고 통신 기술의 발전으로 지붕 위 안테나도 점차 사라졌다. 또 텔레비전 없는 집이 없어지면서 온 동네 사람이 모여서 보던 것이 이제 온 가족이 모여 시청하는 시대로 변했다. 그러다 요즘은 급기야 나 홀로 보는 시대가 되었다. 덕분에 채널을 놓고 다투는 일은 없어졌지만 대신 한 곳을 같이 바라보며 함께 웃고 탄식하고 환호성을 지르며 공감을 나누던 시간도 사라졌다.

TV 안테나
서울 창천동
1977년

시소가 된
손수레

놀이기구 시소는 윈윈을 실현한다. 양쪽이 번갈아 가며 공평하게 상대를 띄워주니 손해 보는 쪽이 없다. 내가 그를 올려주고 그가 나를 올려준다. 혼자는 탈 수 없으므로 반드시 상대가 필요하다. 같이 신나게 시소를 타던 친구가 가버리고 나면 방금까지 친구가 앉았던 시소의 빈자리는 허공에 붕 뜨고 반대로 지남철처럼 땅에 붙은 시소에 앉은 나는 더 이상 떠오를 수가 없다.

놀이터와 놀이기구가 변변치 못하던 시절에도 아이들은 얼마든지 재미있게 놀았다. 골목길에 잠시 세워둔 손수레 한 대에 다섯 명의 아이들이 달라붙었는데, 기운차게 떠오른 한 아이가 다른 네 명을 올려주면 이어서 네 명의 무게가 한 아이를 높이 띄워준다. 시소(seesaw)라는 단어의 어감 그대로 "보이니, 보았다"를 반복한다. 멀리서 손수레 주인이 손사래를 치며 달려오기 전까지 아이들에게 이것은 즐거운 시소일 뿐이다. 그래도 앞에 앉은 아이는 부지런히 망을 보는 표정이다. 갑자기 주인이 나타나 재빨리 도망쳐야 할 때 가장 불리한 안쪽에 있어서일 것이다. "이놈들아, 타이어 터진다~"라는 외침이 들리는 순간 우르르 도망칠 이 개구쟁이들은 그러나 금세 다른 골목에서 또 다른 놀잇감을 찾아낼 것이다. 온종일 동네를 다 헤집고 돌려다니며 신나게 놀다 보면 하루해가 짧고 당연히 아이들의 밤잠은 곤할 수밖에 없다.

그렇게 무탈하게 자란 것 같다. 공부하라고 과하게 다그치는 어른들도 없었고 값비싼 장난감이나 오락기구가 없어도 친구들과 어울리면 괜히 웃음부터 나와서 킥킥거렸다. 골목의 담벼락은 멋진 벽화 대신 아이들의 낙서로 채워졌다. 그때는 그럭저럭 초등학교를 졸업하고 중학교 혹은 고등학교까지 마치거나 드물게는 대학을 나와 저마다 자기에게 맞는 자리에서 어른이 되었다. 요즘에는 돈이 없어 아이를 낳지 않는다고 하지만 그 시절엔 결핍이 있어도 마음만은 가난하지 않았던 것 같다.

시소
서울 상암동
1974년

눈 내리는 날
생선장수

눈발이 날린다. 그러지 않아도 물을 많이 쓰는 생선 시장은 늘 질퍽거렸다. 겨우내 얼었다, 녹았다 반복하는 질퍽한 땅에 눈이 내리니 젖은 것은 젖은 것끼리 더 축축해진다.

찬 바람 불고 함박눈까지 내리는 장터에서 온종일 생선을 파는 아주머니의 주름진 웃음조차 괜스레 마음을 젖게 한다. 잠시 들어가 몸을 녹일 곳도 없이 종일 한데에 서서 꽁꽁 언 생선을 팔다 보면 한기에 온몸이 얼어붙을 지경이다. 그래도 한 해가 저물어가는 무렵이어선가 오가는 사람들이 꽤 많아서 오늘 장사가 괜찮은지 아주머니의 얼굴이 넉넉해 보인다. 해가 더 기울기 전에 기왕이면 통 큰 손님 만나 떨이로 몽땅 처분하고 홀가분하게 집으로 돌아간다면 얼마나 좋을까.

종일 찬 바람을 고스란히 맞으며 얼음장처럼 차가운 생선을 들었다 놓았다 하지만 노점상 아주머니의 삶이 신산하게 느껴지지 않는 것은 푸근한 저녁을 상상할 수 있기 때문이다. 장사를 파하고 집에 돌아가면 팔다가 남은 처진 잡어 몇 마리로 자글자글 매운탕을 끓여 온 식구가 둘러앉아 늦은 저녁을 먹을 것이다. 아이들의 건강한 웃음소리에 얼어붙은 하루가 봄눈 녹듯 녹고, 온몸에 생선 비린내가 배어 있을지라도 앞다투어 엄마 품에 파고드는 소중한 아이들을 바라보면 횅했던 가슴이 꽉 채워질 테니 말이다.

예전엔 보통 대여섯 명 아들딸을 품고 살았다. 여럿 중에는 속이 깊어 엄마를 살뜰하게 챙기는 아이, 야무지게 공부를 잘하여 엄마의 자랑이 되거나 생글생글 잘 웃고 애교가 넘쳐 시름을 잊게 하는 아이 등 저마다 엄마에게 다채로운 희망을 안겨주었다. 비록 오늘의 삶이 고달프더라도 미래가 있으니 좌절하거나 꺾일 수 없었다. 오히려 시장통에서 생선을 팔아도 국밥을 말아 팔아도 자식을 잘 키우겠다는 각오로 단단해졌다. 그 시절 체구는 작아도 강인했던 어머니들을 생각한다. 고운 옷 차려입고 화려한 나들이 한 번 못한 우리 어머니 세대를 생각하면 못내 애틋하고 가슴 저리다.

생선 장수
전북 고창
1975년

아버지라는 이름으로

일제강점기에 태어나 식민지와 전쟁과 가난을 두루 겪어야 했던 우리의 아버지 세대는 아버지라는 이름으로 살아가기가 얼마나 버거웠을까. 가부장적인 절대 권위를 누리는 대신 그에 비례하는 무한 책임을 짊어졌던 그 시대의 아버지들. 새벽부터 들에 나가 일해도 좀처럼 살림살이가 나아지지 않던, 실은 나아질 가능성조차 보이지 않던 궁핍한 시절에 부안의 한 농가에서 만난 농부의 얼굴이다.

    좀처럼 웃음을 보이지 않고 늘 무뚝뚝하고 퉁명스러운 아버지가 어려워 그 당시 아이들은 병아리처럼 엄마 곁에서만 맴돌 뿐, 아버지 앞에서는 주눅이 들어 쭈뼛거리기 일쑤였다. 늙은 부모, 때로는 조부모까지 모시고 여러 남매를 거둬야 하는 당시 아버지들의 어깨가 얼마나 무거웠을지 돌아보면 마음이 짠하고 안타깝다. 외지에 나가 공부 잘하는 자랑스러운 아들이 잠시 집에 돌아와도 그때의 아버지들은 다정하게 아들의 등을 두드려주는 대신에 괜히 헛기침하며 서둘러 마실 나가버렸다. 기다렸다는 듯 대문 소리 들리자마자 제 세상을 만난 자식들은 어머니를 둘러싸고 별별 얘기 다 털어놓으며 웃음소리가 담을 넘었다.

    대문을 나선 아버지도 그 웃음소리 들었을까. 그때는 세상의 아버지들이 모든 걸 자기 뜻대로만 하는 강한 사람인 줄 알았다. 아버지는 끝끝내 아버지일 뿐, 평생 지게에 어깨를 내주고 고된 농사에 등뼈가 굽은, 세월에 지친 노인이 될 줄은 몰랐다. 그러나 어느새 사진 속 농부의 나이를 지나면서 한 집안의 짐을 다 걸머졌던, 그래서 잠시라도 희희낙락하며 자식들의 재롱을 받아줄 여유조차 없었던 아버지들의 속마음이 조금씩 읽힌다. 굽고 지친 몸으로도 가족을 품어야 했던 아버지의 삶을 헤아리지 못했던 철없던 아이들. "이제야 어렵고 힘들었던 시절을 지킨 아버지를 이해하고 아버지라는 이름으로 살았던 당신들을 그리워합니다." 오늘로써 2년간 연재해온 '사진의 기억'을 끝내며 그 기억의 끝을 아버지로 마무리하는 이유다.

농부의 얼굴
전북 부안
1977년

김녕만 — 사진의 향기

공감

12

제가 여덟 살쯤 성북동에 살 때 집 마당에 수도도 있고 우물도 있었는데도 이불 호청 빨러 아줌마를 따라 성북동 계곡을 갔어요. 빨아서 돌 위에 넓게 펼쳐놓은 흰 호청이 쨍하게 눈이 부셨습니다. 그렇게 하루를 보내면 다음 날엔 다듬이질 소리가 나고. 그 시절 엄마는 한복을 입으셨는데 마루에서 일하시던 모습이 떠오릅니다. 엄마 돌아가시고 너무 빨리 모든 걸 잊어버리고 살고 있어 오늘 아침 슬프기도 합니다. 그러나 되돌아보니 우리 인생도 하나하나 영화 속 장면과 다를 바가 없습니다. 사진과 글이 불러온 끝없이 이어지는 지난 시절의 이미지들! 추억의 창고에서 여덟 살 무렵의 서랍이 열린 아침입니다!

여효주

늘 느끼지만 너무나 자생적이며 한국적인 사진가. 우리의 앵글과 시각. 보기에 편안합니다.

서영수

14

웃음 터뜨리게 하는 사진! 1초 만에 몇십 년 전으로 데려다주는 사진!

나정희

ㅎㅎ 제 초등학교 입학 시기와 겹쳐 더 와닿는 사진입니다. 그땐 왼쪽 가슴에 거즈 수건을 옷핀으로 꽂아주셨는데 쓸 일이 거의 없어 걸 멋으로 꽂아야 되나 보다 생각했었지요..

장영진

저의 어머니는 억울하실 것 같아요. 당신이 떠나고나서야 아들이 철 들었으니 말입니다.

강용준

24

'ㄷ자 고목 나뭇가지들이 봄을 부르고 있습니다.' 인문학적으로 비유하며 많은 생각을 하게 되었습니다.

조성휘

16

대학 들어가며 서울로 이사 오던 때가 눈에 어립니다.
'서울은 만원이다'라는 이호철 작가의 소설도 있었지요.
화물칸 남편은 안도감이 보이고 조수석의 아내는 희망의 미소를 띠고 있는 듯하네요. 저분들 아늑한 내 집 마련했을 겁니다.

박경현

26

소중한 순간을 영원히 - 선배님의 사진은 그 자체가 배움입니다.

강형원

신작로라는 말 자체가 추억이 된 것 같아요. 머리에 장바구니 가득 장 본 걸 보니 저 수탁은 잔치를 위해 한 마리 사서 집에 가는 듯~~

나광희

음악에는 쭉 가다가 다카포, 달세뇨 표지판이 있어서 유턴도 할 수 있는디….

이창원

18

중학 때까지 우리 집 소는 내가 키웠다. 이 모습 내 추억 속에도 있어서….
최맹호

20

선생님 사진과 글은 항상 좋습니다. 나중에 꼭 책으로 묶여 나왔으면 좋겠어요. 이렇게 사진에 사연이 붙으니 훨씬 더 정감이 가네요.
곽한영

지금 난지도와 상암동은 천지개벽입니다.
한규희

빨래들이 강아지를 지키는 듯!
박도순

그때는 빨래도둑도 있었지.
박래황

22

제가 국민학교 4학년 때 담임선생님 생각이 나네요. 쉬는 시간이면 식모 언니가 선생님의 갓난쟁이를 업고 와서 젖먹이고 가던 모습이 기억나네요.
이지혜

선생님의 사진에는 시대상과 삶의 애환이 담겨있어 볼수록 좋습니다.
김은정

28

소 닭보듯? 이 사진 속에선 그 속담이 틀린 것 같아요.
서로 애정 어린 두 눈의 스파크가 사진 밖에서도 느껴지네요!!!!!
양종훈

30

햇볕에 말린 뽀송뽀송한 기저귀가 아이를 더 건강하게 키울 것 같습니다. 자연과 엄마의 사랑이 함께 들어 있으니까요. 좋은 추억 여행입니다.
박찬원

각종의 다른 빨래를 빡빡하게 걸어놓은 게 멋진 설치미술입니다. 게다가 햇빛과 바람이 시시각각 형태와 색을 변화시키니 마음속에도 여러 물결이 일렁입니다.
여효주

갑자기 마음까지 뽀송뽀송해집니다~^^
진민

32

새벽종을 깨우는 사진.
박정호

생생한 근대사의 기록이군요! 항상 다큐멘터리의 진수를 보여주셔서 감사합니다.
범 초이

새마을운동 시작부터 나라가 살아나기 시작. 그 시절 생각이 나는구먼.
임소행

34

옛날 생각 나게 하는 작품입니다.
중학교 때 나주 반남에서 영산포까지 어머님이 주신 쌀을 소달구지에 싣고 가서 광주행 버스를 탄 기억이 새록새록 납니다.
나경택

뒤따라가는 여자아이 저랑 비슷하네요.
김현미

36

모내기 철에 스타킹 보내기운동도 기억납니다.
이창원

40

언니 오빠들과 효창동에서 자취할 때 아버지께서 농사지은 배추 한 접을 소금에 절여 리어카에 싣고 효창운동장 언덕길 내려오시던 모습이 아직도 생생해요. 집안 행사로 고향에 내려갔다 오는 날은 7형제 보낼 짐 똑같이 싸시던 아버지, 너희들 서울 보내고 짐 싸는 기술만 늘었다 하시는 모습 아직도 눈에 선하네요.
장명숙

1963년 초등학교 6학년 수학여행 때 처음 서울역에 내린 추억을 떠올립니다!!!
오종남

48

정말 냇물에 뛰어들고 싶은 무더운 날입니다.
김진선

그때는 예사롭게 보았던 모습들이 겹겹이 와닿습니다. 낡고 닳아서 삭고 구멍이 난 런닝은 지금 유행하는 일부러 구멍 내어서 입는 아이들의 명품 의상에 비할 데 없는 최첨단 디자이너의 명품이네요. 그때는 부끄러워도 했고 고생하신 어머님들의 땀의 훈장이기도 했었지요.
박경랑

정겨운 사진. 예전에는 아줌씨들 우물이나 이런 곳에서 멱 많이 감았죠. 사진이 훈훈합니다. 요새 잘못 찍으면 성희롱.
김철호

50

비닐우산을 받고 위를 쳐다보면, 우산 위에 떨어져 흐르는 물방울이 보였다.
빗방울이 떨어지면서 내는 그 통랑한 음향도 들을 만한 것이었다.
투명한 비닐 덮개 위로 흐르는 물방울의 그 청랑함, 묘한 리듬을 만들어 내는 빗소리의 그 상쾌함, 단돈 100원으로 사기에는 너무 미안한 예술이었다.
박경현

역전 문 나서면서 대우빌딩 보고 촌닭들 하나같이 으아악~
안충기

42

어릴 때 우리 집은 늘 술을 담갔어. 술이 괼 때면 용수라는 대나무로 만든 긴 통같이 생긴 소쿠리를 넣어 놓으면 가끔 쌀알이 동동 뜨는 그야말로 맑은 동동주가 그 안에 고여 그걸 조심스레 퍼내고 나머지에 물을 넣어서 마구 거르지. 그게 막걸리. 정말 그 막걸리 한 잔 생각나네요.
한인숙

출출함과 헛헛함을 채우려다 얼굴마저 막아버린 아저씨. 수염이 막걸리를 벌컥벌컥 마시는 듯. 곧 나에게 잔을 권할 듯하네요.
박경현

44

추억을 일깨워줍니다. 100배 소득이 뻥! 튀겨졌는데, 행복이 그만큼 되었으면 합니다.
임양환

뻥튀기처럼 좋은 일이 열 배가 늘어나는 7월 되세요^^
김의성

선배님 귀막고 눈 찡그린 아이들은 지금 뭐 하는지 궁금합니다. 72년이면 고1이었습니다.
이상철

이 사진을 들여다보면 지금 현장에서 뻥~ 소리가 들려오는 것 같아요. 선생님 사진은 따뜻하면서도 유머가 있고 프레임 너머로 이야기가 흐르는 호기심이 가득한 사진입니다.
차경희

46

수박을 먹을 때면 이 사진이 생각나지요.
곽명우

허이쿠, 드디어 게재하셨네요.
지둘리고 있었습니다.
개인적으로 이 사진을 제일 좋아합니다.
들여다보면 내러티브가 줄줄 흘러나옵니다.
전재홍

52

저도 할아버지가 소 팔아서 등록금 준 일 생생.
엉엉 ~ 할아버지, 소금보다 더 짜게 돈 모아 손자 등록금을요.
황규태

기록이 남아 명작이 되었습니다!
이기명

저도 학교 다닐 때 소 판 돈으로 학비 내고 하던 생각이 납니다~^^
박병문

저희 할아버지 우시장 가서 소 팔은 돈 저렇게 넣고 다니셨답니다. 말로만 듣던 걸 영상으로 봅니다.
장공순

54

진짜 핸드폰 보는 줄. 양손에 아이스케키를 연상한 기발함. 오늘도 잘 봤습니다.
이영화

56

최고 맛있는 수박은 역시… 서리수박이쥬^^
권혁재

초등학교 다닐 때만 해도 내 고향 제주에서 미깡(귤) 서리를 하다가 걸려도 꿀밤 한대면 그만이었죠. 귤은 굳이 밭에 안 들어가도 됩니다. 길가로 미깡이 알아서 넘어와 줍니다. 푸하하하 형님 덕분에 일요일 아침이 좋아졌어요.
양종훈

군대 생활할 때 수박서리 갔다가 원두막에 있던 주인에게 들켜서 수십 배의 돈을 배상해준 일이 생각나네요.
이윤승

58

오늘의 우리나라를 만든 훌륭한 어머니였죠. 갑자기 어머니 생각이 납니다.
박찬원

사라진 삶의 현장!
어머니는 늘 위대하셨습니다.
조성휘

60

와~ 선생님 사진들은 정말 모두 대한민국 과거 모습들의 보물창고 같아요.
노정하

70

너무도 빠르게 치달리는 세상에서 어이 하며 휩쓸리고 있네. 우린 완행으로 가자구~~
이영화

가을이 완행처럼 오는 계절, 멋진 표현에 감탄. 네모진 기차표를 끊고 싶어요. 뒤적뒤적 허리춤에서 돈을 꺼내는 노인의 동작까지 떠오릅니다. 요즘은 인터넷 예매 ㅠㅠ 후딱 순식간에 결재.
김혜식

72

'하늘로 가는 길' 잘 읽었어요. 한 장의 사진이 시대를 말해주니 사진가가 위대합니다. 브라보!!
이은주

74

제주도는 아버지들 달리기를 했었는데요.
양종훈

요즘 시골엔 애들이 없고, 도시엔 운동장이 없고… 저도 나름 열심히 뛰었어요. 상으로 공책도 받고.
박종근

9남매 중 8번째인 나는 젊은 엄마가 부러웠답니다. 뜀박질을 할 수 없는 나이 드신 엄마, 친구 엄마들이 뛰는 것 보면서 부러워했던 철없는 아이.
최경자

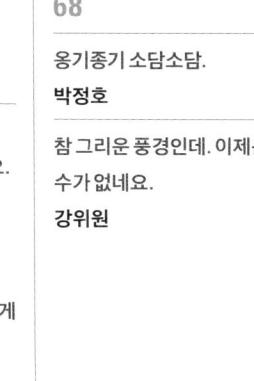

옹기종기 소담소담.
박정호

오늘도 아름다운 사진에 구성진 글, 잘 읽었습니다. 우리도 어느새 노인네가 되었건만, 주변에는 장기판도, 훈수꾼도 없네요.
손학규

나에게 매주 토요일~~ 고향으로 가는 차표를 주시는 분~~~^^. 좋은 글과 사진 늘 감사드립니다.
김선두

외할머님이 장날 사주신 고무신이 문득 떠오릅니다. 물놀이할 때 참 요긴했었지요. 고무신을 들고 맨발로 걷는 소년의 뒷모습이 정말 귀한 장면이네요. 결핍의 결핍 시대를 사는 요즘의 아이들은 결코 이해하지 못할… 보석같은 추억들 떠오리게 해주셔서 감사한 사진과 글입니다.
장영진

저는 미꾸라지 집으로 만들어줬어요~ ㅋ
최연하

참 그리운 풍경인데. 이제는 어디에서도 볼 수가 없네요.
강위원

마당 없이 살아가는 세상에서 보는 명작 사진에 명문!
김승곤

볼 때마다 댓글을 남기고 싶었으나 잘 써야지 하며 미루다가 매번 지나가고 말았습니다. 마음을 따뜻하게 하고 얼굴은 방긋 웃게 하고 정신은 지나온 삶을 돌아보며 잃은 것이 무엇인지 고요한 성찰과 통찰을 불러옵니다. 연재를 좋아하고 쭉~ 계속 보고 싶은 1인입니다.
차경희

한 시대의 풍경을 고스란히 담아내신 노정에 경의를….
이시백

나도 이 가을에 책 한권이라도 꼭 읽어야겠다. 심기일전!!!
나광희

전에 인터뷰 촬영 가서 이 사진 흉내 내려다가 실패한 경험이 있습니다.
신석교

아직 종이책은 시대의 구원투수라고 믿고 있습니다.
이정희

독서, 이 명작이 드디어 등장했군요. 저도 요즘 책 읽어보려 노력 중인데 이놈의 폰이 손에서 떨어지질 않네요. 독서가 안되는 이유로 시대탓을 해봅니다.
김주성

80

종가집 종부로 평생을 사신 외조모님께서 갖고 계셨던 큰 대나무 소쿠리들이 생각납니다. 외조모님의 크신 사랑이 그립듯 사라지는 풍물이 다 그립습니다.
김언지

82

아무리 이야기해도 우리 조카들 세대부턴 이해하지 못할 주마등처럼 스쳐가는 추억들, 그 시대 등잔불 석유가 떨어지면 십 리 이상 걸어 심부름 다녀와야만 되었지. 그때 산등성이 넘어 상여집을 피하려먼 길을 돌아다녔던 초등학교 4학년 때가 기억나네.
정재진

84

저녁에 화장실 갈 때는 누나와 형과 함께 품앗이로 보초를 섰던 추억이 생각나네요.
김영수

"아버지, 하루 더 주무시고 내려가세요."
"얘는, 우리 집 뒷간에 거름 보태야지."
하시던 우리 아버지. 뒷간 거름으로 농사지어 자식 9명 키우셨으니…. 거름 공장 똥 뒷간. 아버지가 그립습니다.
최경자

94

아침에 이 사진을 보고 시간여행을 떠나게 되었는데 아직 돌아오지 못한 지경 ^^
나정희

96

기자 초년생 시절, 연탄가스 중독으로 숨진 인물 사진 구하러 다니던 생각이 나네요. 연탄이 우리 산을 푸르게 만든 공로자지요.
오효진

어릴 때 자다가 연탄가스 마셔서 동치미 국물 마셨던 기억이 납니다.
여효주

결혼해서 시부모님과 함께한 갈현동 언덕 위 집이 생각나네요. 겨울이 시작되기 전 시아버님이 연탄광에 가득 채워주셨거든요.
김화성

부엉이 소리가 너무 무서워 연탄불 갈면서 눈물 흘리던 시절이 생각납니다.
권영애

86

소 팔아서 자식 공부시키던 부모님들 생각이 납니다. '우골탑'이라고 했죠. 그 소가 우리나라를 이렇게 성장시킨 것이죠.
박찬원

88

누워있는 수레바퀴 두 개가 퇴역한 삶으로 보입니다.
한상호

선배님 덕에 매번 타임머신을 탑니다.
전재홍

90

오늘부터 웃겠습니다.
이강산

앞으로 바나나 우유 먹을 때면 이 사진이 생각날 듯요. 빙그레~ 미소 짓게 됩니다. ^^
박미경

우유 마시며 사진보다 빙그레 웃음 짓습니다.
이병훈

98

늘 세상을 맑고 예쁘게 가꾸심을 기쁨과 감사로 지켜봅니다.
나태주

가슴이 따뜻해 집니다.
오종남

엄마 손은 약손 천만 가지의 해결손이였지요. 우리는 그런 손을 소중한 줄 모르다 가신 다음에 알게 되었지만 잡을 수도 느낄 수도 없어져 버린 뒤인지라 그저 마음으로나마 더듬고 보듬어 봅니다.
박경랑

100

옛날 정취가 물씬 풍기는 글과 사진 좋네요. 이 글과 사진 다 모아서 책을 출판하면 훗날에 좋은 역사가 되겠네요. 계속 기다릴께요.
이창성

저도 어렸을 때 초등학교 앞 이발소의 그림들을 보면서 화가의 꿈을 키웠던 때가 생각납니다. 이발소 그림은 화가 김선두의 마중물이었다는 생각이 선생님 글을 읽으며 듭니다. 그 마중물은 물레방아를 돌리는 물이 되어 지금도 쉬지 않고 흐르고 있네요.
김선두

102

참 정겹습니다. 살아온 길이, 살아갈 길이 보이는 듯합니다.
강위원

나도 오래오래 뒷모습이 아름답게 알콩달콩 살고파요.
나경택

포착하는 장면마다 모두 따스합니다. 우리 모두 걷는 걸음마다 꽃길처럼 남기를 소망합니다.
김혜식

104

나도 엄마의 집이 다시 그립다.
비록 방에서도 얼음이 어는
방이었을지라도 오늘도 덕분에 따뜻하다.
곽인화

마당 텃밭에서 큰일을 보며 바라본 겨울
하늘에 시린 별들이 생각납니다.
김선두

106

사진 잘 보았습니다. 새해에도 부지런히
보배 같은 사진 발굴하여 우리를 뜻깊고
정겹게 만들어 주세요.
이기웅

아, 숨차게 그리운 옛날이여!!
서정춘

'어린이'라고 쓰고 '희망'이라고
읽는다는 제목도 멋지고 너무나
공감하는 내용입니다~ 제가 38년 교직
생활을 했는데 첫 담임 반 아이들이
63명이었거든요. 그런데 올해 우리 반
아이들이 23명입니다.
천건희

흥덕면 주민이 3천여 명인데 아이가
태어나면 올해의 뉴스가 되는 현실. 인구
소멸, 도시 소멸이 보이네, 저 아이들을
데려왔으면!
오강석

108

우연히도 기형도의 "엄마 걱정" 역시
특별히 제 마음에 있는 시입니다. 찬밥처럼
빈방에 담겨라는 구절, 부러 천천히
숙제를 한다는 구절은 읽을 때마다 마음이
아립니다. 그렇지만 이 사진의 풍경이 왠지
포근하게 느껴지는 건, 찍으신 분의 따뜻한
마음 때문이 아닐까 싶습니다.
권융

기다릴 사람조차 없는 나이가 되어보니
하교 때마다 두 팔 벌려 안아주던 엄마가
더욱 그립습니다.
김언지

성에 낀 창문 저편에 앉아서 신기해하던
제 유년의 모습도 떠오르고... 아직도
안타까운 기다림과 슬픔 깔린 꿈속에서
가끔 만나는 엄마도 생각나고.
허영숙

116

추워보여요~
요즘의 롱패딩이라도 사진 속으로 택배해
드리고 싶어지는ㅠ 저 억척스럽던 많은
어머님들 덕분에 우리 대다수가 그 시절
교육 잘 받고 오늘날 잘 먹고 살아가는
거라고.
나정희

110

해마다 설날 전에 떡사실을 빼기 위해서 그때는 통금도 없이 떡방앗간에 가서 밤을 새워가면서 줄을 서서 기다리곤 했습니다. 설 명절 때는 방앗간 집 위세도 대단했습니다.
김영수

추억은 기억 속에 꽃을 피우지만 아직도 시골 방앗간 떡가래 나오는 걸 보면 마음이 몽골몽골 해지는 느낌을 사진과 글로 향유하게 해주시네요.
권영애

설날 아침. 따뜻함이 전해집니다.
고명진

112

하늘을 찌를 것 같던 TV안테나가 이제 보니 새삼 정겹게 느껴지기도 합니다. 'TV or Not TV'라는 TV 프로그램을 제작한 적이 있습니다. 바보상자라고 해서 홀대하던 시절도 있었지만….
이동현

'테레비' 하니, 김일 레슬링하는 날이면 대문 열어 놓았던 기억이 나네요.
이지혜

장대에 안테나 묶어서 들고 다니며 이리저리 돌려가며 잘 나오느냐고 소리치며 묻던 시절이 생각나네요.
박순기

114

난 우리 할아버지 집에 리어카가 있어서 타 봤던 기억이 있어~추억 속의 그 집을 큰집 오빠가 팔았을 때 왜 그리 서운했던지.있을 땐 가지도 않았으면서~
김문숙

재밌어요~ 어렸을 때 리어커 가지고 저리 놀다가 혼쭐내면 도망치고 그랬어요~
김경호

시적 풍경, 아름답네요. 마음이 찍은 사진….
강상헌

118

대단했습니다! 김녕만 최고의 작품들이 이렇게 늦게야 빛을 발휘하네요! 그간 애 많이 썼습니다! 아니 애는 예전에 썼고 이번에는 골라내느라고 고생했습니다! 끝이라니 섭섭합니다. 녕만 씨는 시원하겠지만요.
강운구

글과 말은 그 사람의 눈빛과 같다고 생각합니다. 선생님 사진이나 글이나 맑은 눈을 바라보며 이야기하는 것 같으니 상대하는 내 눈도 마음도 맑아지는 순간이었습니다. 매일매일 소확행의 순간입니다. 수고 많으셨어요!!!!
여효주

어머니에 이어 아버지로 마무리하셨네요. 울컥합니다. 억수로 고맙습니다.
권혁재

이야기가 있는 귀한 사진 잘 보았습니다. 수고 많으셨습니다. 또 볼 수 있으면 좋겠습니다.
양재문

너무 감사하고 아쉽습니다. 지난 2년 동안 1호 독자로서 제가 제일 행복했습니다.
박종근

큰일 하셨습니다. 사진의 가치를 보여준 쾌거로 기억합니다.
강위원

역시 사진의 힘은 기록성과 역사성입니다.
오상조

소중한 그 시절의 사진과 글로 많은 감동을 받았습니다.
제이안

덕분에 인생 한 수 크게 배웠습니다. 한 번 성님은 영원한 성님입니다.
안충기

김녕만 Kim Nyung-man

1949 전북 고창 출생
1978 중앙대 사진학과졸업
1995 중앙대 신문방송대학원 졸업

1978~2001 동아일보 근무(판문점, 청와대 출입 사진기자)
2001~2005 상명대 예술대학 영상학부 겸임교수
2001~2015 월간 사진예술 발행인

개인전
1981 고향 사진전, 신문회관전시실, 서울
1991 유머가 있는 풍경, 파인힐 화랑, 서울
1993 판문점, 세종문화회관전시실, 서울
1996 마음의 고향, 세종문화회관전시실, 서울
2005 격동20년, 히가시카와문화갤러리, 일본
2006 시간의 풍경, 갤러리나우, 서울
2010 분단의 현장에서 희망을 읽다, 토포하우스, 서울
2011 분단현장, 전북도립미술관, 완주
2014 김녕만, 해학을 공유하다, 아트스페이스J, 분당
2016 김녕만 사진전 '생명의 땅, DMZ', DMZ생태관광지원센터, 파주
2019 그리운 시절 그리운 사람, 천불천탑사진문화관, 화순
2019 김녕만, 기억의 시작, 스페이스22, 서울
2020 장사익, 당신은 찔레꽃, 경인미술관, 서울
2022 대통령이 된 사람들, 류가헌 갤러리, 서울
2022 동강사진상 수상자전 '시간을 품다', 동강사진박물관, 영월

단체전
1975 독일대사관주최 '여성'전, 국립현대미술관, 서울
1988 투영전, 세종문화회관 전시실, 서울
1994 현대사진의 흐름전, 예술의전당, 서울
1996 사진은 사진이다, 삼성포토갤러리, 서울
2000 서울의 화두는 평양, 광화문갤러리, 서울
2003 분단과 전쟁, 경기문화재단 전시실, 수원
2004 사진과 역사의 기억전, 인사아트센터, 서울
2004 오월,우리는 보았다, 5·18기념재단, 광주
2008 한국현대사진 60년전, 국립현대미술관, 과천
2009 '신소장작품2009'전, 서울시립미술관, 서울
2012 침묵의 목격, 228국가기념관, 타이베이
2013 인물파노라마, 전북도립미술관, 완주
2017 사진공감, 춘천문화예술회관, 춘천
2021 제5회 평택국제사진축전, 평택호예술관, 평택
2022 우리 모두 어린이, 대한민국역사박물관, 서울
2023 김녕만 김호성 부자전 '적막', 한지가헌, 서울

사진집
1981 노래가 하나가득 (동시:윤석중), 일지사
1981 고향, 학림
1991 유머가 있는 풍경, 사진예술사
1993 판문점, 사진예술사
1994 광주 그날! (황종건 공저), 사진예술사
1996 마음의 고향, 사진예술사
1999 격동20년, 사진예술사
2013 김녕만, 열화당
2014 시대의 기억, 사진예술사
2018 분단의 현장 판문점과 DMZ, 도서출판윤진
2020 장사익, 당신은 찔레꽃, 도서출판윤진
2022 대통령이 된 사람들, 도서출판윤진

수상
1985 제8회 현대사진문화상 수상
2001 올해의 사진기자상
2002 제9회 대한사진문화상
2003 제52회 서울특별시문화상(언론부문)
2005 제21회 일본 히가시카와 국제사진페스티벌 해외작가상
2022 제20회 동강사진상

작품소장
국립현대미술관
동강사진박물관
뮤지엄한미
서울시립미술관
히가시카와 문화회관(일본)

후기

기억과 망각의
경계에서

기억과 망각은 둘 다 소중하다. 애쓰지 않아도 엄벙덤벙 살아온 지난 세월은 자연스럽게 망각으로 빨려 들어간다. 그렇지 않다면 후회와 자책 때문에 괴롭고 행복하지 못할 것이다. 다행히 망각의 은혜 속에서도 선별적인 기억, 혹은 재구성된 기억으로 뒤를 돌아볼 수 있으니 지나간 시간은 다 그립다고 큰소리를 칠 수 있는지 모른다.

 사진은 파편화된 기억을 불러내는 호루라기 같다. 잊었던 한순간을 느닷없이 호출하여 번개처럼 빠르게 과거 그 순간으로 나를 데려다 놓는다. 30년 전, 50년 전 내 기념사진을 보면서 놀랄 때가 있다. 내가 이랬나? 언제였지? 어디더라? 아, 이 옷! 생각난다. 장소와 시간과 환경이 단서가 되어 순식간에 그때의 사건과 감정과 기억을 흔들어 깨운다. 방아쇠가 당겨진 기억은 축축한 시간을 보송보송하게 만들어주기도 하고, 경직되었던 순간을 말랑말랑하게 어루만지며 기억과 망각의 경계에 서게 한다.

 사실 사진을 시작한 1970년대 초에는 20대 초반의 나이로 사진도 인생도 잘 모르는 어설픈 시기였다. 전북 고창에서 태어나 고등학교를 졸업하기까지 고향을 벗어난 적이 없는 우물 안 개구리로 '사진'이 학업이 되고 평생의 업이 되리라고는 상상조차 못 했던 그때 운명처럼 사진이 내게로 왔다. 고등학교를 졸업한 이듬해에 마침 고창군청에서 실시한 고창 읍성인 '모양성' 축성 연대 찾기에 도전하면서 조선왕조실록, 문헌비고, 동국여지승람 등에서 축성 기록을 찾아보는 한편, 성벽 곳곳에 새겨진 문자를 촬영하며 자료를 수집했다. 그것이 사진의 시작이 되었다. 결국 1453년 단종 원년이라고 축성 연대를 추정해 상을 받았고 그 일을 계기로 사진의 자료적 가치, 역사적 가치를 체험하면서 사진에 눈뜨기 시작했다. 70년대 초반은 농업을 기반으로 한 나의 고향이 급변하는 변곡점이었다. 새마을운동이 시작되면서 하루아침에 초가가 헐리고 농로가 넓어지고 동네가 바뀌었다. 속절없이 사라지는 것들을 기록해야겠다는 막연한 생각으로 농촌의 변모를 촬영하게 된 계기다.

새마을운동이 한창 진행되던 1973년에 서울로 올라와 사진과에 입학했지만 방학은 물론 틈만 나면 고향으로 내려가 사진을 찍었다. 친구들이 "너는 왜 촌놈처럼 촌 사진만 찍느냐?"라고 했지만 사실 나는 '촌놈'이었고 내 마음이 가는 곳이 어머니가 계신 시골이었다. 나의 발길이 머무는 곳, 나의 눈길이 머무는 곳을 기록한 70년대 사진이 50년이 지난 오늘, 동시대를 살아온 많은 사람에게 추억을 소환하는 역할을 하게 될지 그때는 전혀 몰랐다. 사진의 마법이다. 사진은 셔터를 누르는 순간 과거가 된다는 점에서 시간의 속성과 같다. 시계의 초침 소리를 듣는 순간 이미 흘러가 버리는 시간, 그런데 그 순간을 붙잡은 사진은 세월이 흐르면서 새로운 의미가 덧입혀진다. 찍는 순간에는 미처 다 몰랐던 사진 속 정보가 드러나고 도드라지면서 다양한 해석이 가능해진다. 때로 사진도 "아이처럼 태어나면서 계속 커가는 게 아닌가?"라는 생각이 들기도 한다.

마흔 살, 또는 쉰 살이 넘은 사진들을 글과 함께 신문에 연재하면서 사진집을 낼 때와는 다른 즐거움을 맛보았다. 거의 실시간으로 페이스북이나 카톡, 또는 문자로 피드백을 받아서 읽으며 소통과 공감의 기쁨을 누렸다. 그것이 2년간 연재하는 원동력이 되었다. 그래서 이번에 책으로 엮으면서 맨 뒤에 소통을 공유하는 페이지를 만들었다. 저마다 다른 경험과 추억이 색다른 재미를 안겨준다. 한 분 한 분에게 감사드린다. 또한 나의 글이 비문이 되지 않도록 정성껏 다듬어준 아내 윤세영 씨와 묵은 사진을 꺼내 뽀송뽀송하게 만들 기회를 준 중앙SUNDAY에도 진심 어린 감사를 전한다.
사진이 있어 참 행복하다.

2025년 가을 김녕만